CÉSAR FRAZÃO

# Como Vender por Telefone

## Atender bem é uma coisa. Vender é outra...

|  |  |
|---|---|
| *Diretor Geral:* | Julio E. Emöd |
| *Supervisão Editorial:* | Maria Pia Castiglia |
| *Revisão de Estilo:* | Maria Lúcia G. Leite Rosa |
| *Assistente Editorial:* | Grasiele L. Favatto Cortez |
| *Revisão de Provas:* | Carla Castiglia Gonzaga |
|  | Ana Maria de Godoy Teixeira |
|  | Cristina Shizue Santos |
| *Editoração Eletrônica e Capa:* | Mônica Roberta Suguiyama |
| *Fotografia da Capa:* | Photos.com |
| *Impressão e Acabamento:* | RR Donnelley Moore |

## COMO VENDER POR TELEFONE

Copyright © 2006 por **editora HARBRA ltda.**
Rua Joaquim Távora, 629 – Vila Mariana – 04015-001 – São Paulo – SP
*Promoção:* (0.xx.11) 5084-2482 e 5571-1122. Fax: (0.xx.11) 5575-6876
*Vendas:* (0.xx.11) 5549-2244, 5084-2403 e 5571-0276. Fax: (0.xx.11) 5571-9777

Todos os direitos reservados. Nenhuma parte desta edição pode ser utilizada
ou reproduzida – em qualquer meio ou forma, seja mecânico ou eletrônico,
fotocópia, gravação etc. – nem apropriada ou estocada em
sistema de banco de dados, sem a expressa autorização da editora.

ISBN 85-294-0313-4

Impresso no Brasil

# SUMÁRIO

*Prefácio*  5

*Dedicatória*  7

Mitos e verdades sobre vendas
por telefone  9

A necessidade faz o momento  21

Impossível vender em um ambiente
negativo  25

A motivação em telemarketing  29

A velocidade no ativo e a lei das médias
a seu favor  35

Perigo! Cuidado com o grande ladrão
de tempo  41

A desculpa moderna na qual os vendedores
ingênuos caem!  45

Receptivo é água no deserto  49

Os 6 erros que novatos (e veteranos)
cometem...  53

Como preparar um roteiro que vende  59

Uma atitude que é comum a todos os
campeões  67

# Sumário

Como reagir diante do "não, obrigado!" 71

Fechando muitas vendas por telefone 75

Cancelamentos e inadimplências,
como diminuí-los 83

Cinco lições sobre abordagens por telefone 89

Como agendar visitas por telefone 97

Quer vender? Não basta falar bem,
tem que desenhar... 105

Como usar a força das secretárias
a seu favor 109

Especial sobre voz 117

A saúde é importante 125

*Mensagem final* *128*

# Prefácio

Fazer o prefácio de um livro como este é ao mesmo tempo muita honra e responsabilidade. Honra porque o César é um grande vendedor, conhece as melhores técnicas de vendas e é um dos maiores especialistas do Brasil na área (além de grande amigo pessoal). Responsabilidade porque minhas palavras podem fazer com que você, leitor, que está apenas folheando este livro em uma loja, aproveite para comprá-lo, levar para a sua empresa, dar de presente a um amigo/amiga que trabalha com vendas e que pode estar precisando... Com tantos livros de vendas no mercado, por que comprar justamente este?

Vamos começar pelo conteúdo. Trabalho como editor da VendaMais há mais de 10 anos e, desde o começo, notei como existem alguns mitos que "travam" os vendedores e limitam seu potencial. César já começa o livro desmontando vários mitos de telemarketing e depois engrena a marcha, mostrando passo a passo a importância da motivação, a lei das médias, como evitar os erros mais comuns, como montar um *script*... enfim, tudo que alguém precisa para turbinar suas vendas pelo telefone.

São técnicas de venda específicas para quem quer vender mais e atender melhor seus clientes pelo telefone. É o tipo de livro que não pode faltar na estante de quem quer realmente melhorar seus resultados ou precisa treinar uma equipe para desenvolver todo seu potencial de vendas ao telefone.

Mais do que apenas fazer força, neste livro César ensina a usar o cérebro. Em um mundo onde todos estão sempre ocupados e pressionados por resultados, precisamos usar as ferramentas que temos disponíveis para vender de maneira mais inteligente. É disso que precisamos hoje para vender mais ao telefone: de inteligência, atitude e habilidade, trabalhando juntas em sinergia. Felizmente, isso é possível, e César mostra como.

Então, leia este livro, aplique o que aprendeu e venda mais!

Boas vendas,

*Raul Candeloro*
Editor – revista VendaMais

# DEDICATÓRIA

Este livro é dedicado a todos os vendedores e vendedoras que ganham a vida e realizam seus sonhos por meio das vendas por telefone. A vocês, toda minha admiração pela sua belíssima profissão e os meus mais sinceros votos de felicidades!

A minha querida família (em especial, Lu, Cesinha e Lê), que compreende minha ausência em função das palestras por todo o Brasil e das minhas longas jornadas de trabalho, estando ao meu lado sempre com muito amor, carinho e apoio.

A todos os amigos, que moram em meu coração (se eu fosse citar os nomes, daria outro livro!).

Vida plena e sucesso!

*César Frazão*

# CAPÍTULO 1

# MITOS E VERDADES SOBRE VENDAS POR TELEFONE

No decorrer dos últimos anos, percorri uma quantidade enorme de empresas em nosso imenso Brasil com minhas palestras de vendas e motivação, e pude constatar que existem muitos mitos no mercado quando o assunto é telemarketing*. Mas o que é mito?

Pela definição do Dicionário Houaiss da Língua Portuguesa, mito é uma "construção mental de algo idealizado, sem comprovação prática; idéia".

---

*O termo telemarketing, neste livro, será tratado como sinônimo da expressão "venda por telefone", seja ela intimista – desenvolvida apenas por uma pessoa – ou de maior porte – efetuada por um grupo de Call Center. Essa palavra, assim como Call Center, e-mail, marketing e internet, apesar de serem palavras de língua estrangeira, o que solicita um destaque gráfico, serão escritas em corpo normal em virtude de já fazerem parte de nosso linguajar diário.

O setor de telemarketing ganhou força no mundo empresarial nos últimos anos; por isso é natural que surgisse também uma série de enganos e equívocos que podem colocar em risco a atividade e o futuro dos vendedores que trabalham nesse setor. Vamos começar a desmistificar alguns destes enganos e equívocos, pois são mitos fortes e presentes em quase todas as empresas do nosso país, não importando o porte, o ramo de atividade ou a região onde se encontram.

Temo que você e sua empresa estejam perdendo dezenas, centenas de negócios neste momento, simplesmente por acreditarem em alguns destes poderosos **mitos**:

# MITO 1:

## Produtos de **alto valor** não se vendem por telefone, só pessoalmente

Talvez esta seja uma das maiores crenças entre empresários e vendedores. No entanto, não passa de uma visão limitada sobre o alcance do telemarketing.

O sucesso de uma campanha de vendas por telefone depende muito de fatores como: banco de dados atualizado e direcionado, diferencial sobre a concorrência, estratégias e políticas de comercialização, ações de marketing como apoio, excelência no recrutamento e treinamento da equipe e motivação e vontade dos vendedores. A venda é uma relação de causa e efeito, cujo sucesso depende de uma série de detalhes.

Outro dia, após uma palestra, um gerente de vendas de uma das maiores empresas do país veio até mim lamentar-se de que seu departamento de telemarketing não estava indo bem e a empresa estava pensando em desativá-lo. Ele falou, entre outras coisas, que, pelo fato de seu produto ser "caro", os clientes não compravam à vista, só compravam se a venda fosse parcelada, o que estava tornando a operação inviável. Achei estranha a colocação e, após alguns instantes, conversando com um dos vendedores de telemarketing daquela empresa, perguntei:

— Me diga uma coisa, por que você acha que os clientes não compram à vista, só querem comprar a prazo?

E ele me respondeu:

— Mas pode vender à vista?! Eu pensei que só pudéssemos vender a prazo, pelo que eu tinha ouvido...

Será que o problema dessa empresa estava no fato de sua venda ser feita por telefone, de ser o produto de alto valor ou se devia à falta de treinamento dos vendedores?

## Se fosse verdade, então como explicar:

☎ o sucesso de um Call Center que vende pacotes turísticos para um dos *resorts* mais caros da Bahia?

☎ o sucesso de uma promotora de eventos que realiza seminários internacionais, a preços de inscrição nada populares, e cujas vendas são realizadas sem a presença de vendedores externos?

☎ o sucesso de uma corretora em São Paulo, cujas operações de vendas de ações são realizadas por telefone, através da venda ativa?

# Mito 2:

## Vendedor externo ganha mais do que vendedor interno

Esta é outra crendice que se fala. As pessoas têm o hábito de generalizar as informações. Quando falamos em vendas por telefone, existe um número muito grande de operadores que trabalham em Call Center e ganham baixos salários – na verdade, atuam mais como atendentes do que como vendedores. Não temos nada contra isso, mas são profissões diferentes. Em parte, vem daí a generalização de que quem trabalha em vendas por telefone ganha pouco.

Alguns gerentes chegam ao absurdo de dizer para seu pessoal de telemarketing: "Se você fizer um bom trabalho e alcançar a sua meta, será promovido para vendedor externo".

Ao dizerem isso, passam a falsa impressão de que ser vendedor externo é melhor do que ser vendedor interno e que se ganha mais dinheiro em vendas pessoais do que por telefone. Isso é muito relativo; ganhar mais depende basicamente de dois fatores: o primeiro deles envolve o talento, o perfil e as habilidades do vendedor; é preciso ter a pessoa certa no lugar certo. Tive a oportunidade de trabalhar com uma ótima vendedora em telemarketing que quando foi "promovida" para vendas externas simplesmente deixou de vender. Ela não conseguia vender pessoalmente e, com isso, a empresa perdeu duas vezes, uma porque deixou de ter uma ótima vendedora por telefone

*Mitos e verdades sobre vendas por telefone*

e outra porque ganhou uma péssima vendedora externa.

O segundo fator é o foco da empresa, suas estratégias e cultura empresarial; enfim, a maneira como a empresa enxerga estrategicamente a operação de telemarketing para o futuro dos seus negócios.

Conheço pessoalmente vários vendedores internos (quando falo "vendedores" estou me referindo a homens e mulheres) que estão recebendo ótimas comissões e ganhando mais do que seus colegas que estão na rua. O inverso também é verdadeiro; sei de vendedores externos que ganham mais do que seus colegas que vendem internamente.

Moral da história: esse mito não tem fundamento algum. Bons profissionais de vendas que trabalham em empresas sérias e competitivas ganham dinheiro em vendas, quer elas sejam feitas por telefone ou pessoalmente; isso dependerá muito mais do perfil do vendedor e da empresa do que do rótulo do cargo.

## Se fosse verdade, então como explicar:

☎ um vendedor interno, que só utiliza o telefone para vender, ter um ganho equivalente a quase US$ 4.000,00 mensais?

☎ o sucesso de uma equipe de telemarketing em Porto Alegre, a ponto de vários consultores desejarem abandonar as ruas para vender por telefone?

## Mito 3:

## Vender por telefone é só para mulheres

Este mito teve origem no início da atividade de telemarketing no Brasil, mais ou menos na década de 1970, quando muitas telefonistas passaram a exercer a função de vendedoras. Formou-se, assim, um público predominantemente feminino, criando a falsa imagem de que esse negócio de vendas por telefone é para mulher.

Colaboram para esse quadro, em primeiro lugar, empresários, diretores e gerentes, que quando estão em busca de novos vendedores para reestruturação ou ampliação de seus quadros, não admitem homens, selecionando apenas mulheres para a função (o pior é que muitos nem sabem por que estão fazendo isso, simplesmente repetem o ciclo). Em segundo lugar, os próprios candidatos homens reforçam esse mito; por exemplo, quando estão procurando emprego, simplesmente ignoram os classificados com o título "Telemarketing", por acharem ou terem ouvido falar que esse negócio é "coisa de mulher", e dizem:

— Já pensou? Eu chegando em casa e falando para meu filho ou para os amigos do futebol que estou trabalhando em telemarketing? Deus me livre! Sou macho!

*Mitos e verdades sobre vendas por telefone*

E continuam em sua busca desenfreada por uma oportunidade de emprego, para "homens". Como se esse trabalho tivesse alguma coisa a ver com a condição ou opção sexual do candidato. É lamentável, mas em pleno século XXI tem gente que ainda pensa assim!

## Se fosse verdade, então como explicar:

☎ o sucesso de vários chefes de família que trabalham na profissão e são felizes, sustentando suas famílias e realizando seus sonhos honestamente?

☎ o aumento de vagas de telemarketing oferecidas para homens em diversas empresas de vários segmentos de mercado?

☎ centrais de telemarketing, que eu conheço, praticarem justamente o oposto, dando preferência à contratação de homens para o trabalho?

# MITO 4:

## Telemarketing é para iniciantes

Este mito traz consigo um pouco do mito 2, com sua idéia errada e generalizada de que se ganha pouco em telemarketing, o que já vimos que não é verdade.

Há uma parcela significativa de postos para telemarketing ocupados por iniciantes, sim. Segundo a revista *Exame*, em edição do dia 19 de janeiro de 2005, o setor responde pela contratação de 45% dos jovens que estão em seu primeiro emprego, ou seja, é um campo social importante.

No entanto, existem outros 55% que o setor contrata e que não são iniciantes. Conheço várias empresas que não contratam iniciantes, só querem vendedores com experiência, e posso dar testemunho de que telemarketing não é só para novatos.

## Se fosse verdade, então como explicar:

☎ o fato de ser o setor hoje um dos que mais contratam pessoas da terceira idade, devolvendo-lhes a alegria e o prazer de trabalhar?

☎ as filas lotadas de pessoas com pelo menos 10 anos de experiência em vendas, no geral com mais de 35 anos de idade, no balcão de empregos em São Paulo, em busca de vagas em telemarketing?

# MITO 5:

## Meus clientes preferem vendas feitas pessoalmente

Muitos vendedores fazem essa afirmação pelo simples fato de estarem acostumados a vender pessoalmente e de gostarem da rua e do contato pessoal com os clientes.

*Mitos e verdades sobre vendas por telefone*

O que os clientes gostam realmente é de atenção e bom atendimento – e para isso não precisa, obrigatoriamente, o contato pessoal. Telefonemas em horários adequados, envios de correspondências e e-mails informativos fazem uma pós-venda tão eficiente quanto a venda pessoal. É claro que existem casos e clientes especiais que devem ser tratados como exceção, e não como regra.

### Se fosse verdade, então como explicar:

☎ uma das maiores dificuldades dos vendedores externos é conseguir agendar visitas e ser atendido?

☎ o aumento crescente de clientes fazendo cada vez mais negócios por outros meios, como a internet, por exemplo?

## Mito 6:
## É mais fácil vender pessoalmente do que por telefone

Esta é a opinião de vendedores que conhecem somente um lado da moeda, ou seja, apenas *uma* modalidade de vendas. Aqueles vendedores mais experientes, que trabalharam com vendas por telefone ou pessoais, sabem e confirmam que isso não é verdade.

Não se pode negar que na venda pessoal o vendedor dispõe de mais recursos visuais, como folhetos, gráficos, pesquisas, entre outros. Por outro lado, ele enfrenta sérios problemas de locomoção, trânsito, calor, frio, chuva, falta de pontualidade dos clientes e preconceitos. Fatores que não ocorrem com quem vende somente por telefone.

*Mitos e verdades sobre vendas por telefone*

Como em tudo na vida, existem vantagens e desvantagens – o sucesso dependerá muito mais do estilo do vendedor do que do meio, propriamente dito, que utiliza para vender.

## Se fosse verdade, então como explicar:

☎ o setor de Call Center em 2004 cresceu mais de 30% e teve uma das melhores receitas dos últimos anos?

☎ o aumento do número de empresas no setor não pára de crescer e hoje já somam mais de 250 grandes empresas?

☎ mais de 255 mil empregos diretos e indiretos foram gerados em 2004, o que equivale a 10% a mais que o ano anterior? Será que todas essas empresas estão erradas?!

# CAPÍTULO 2

# A NECESSIDADE FAZ O MOMENTO

Um vendedor externo que sofreu fraturas em sete pontos da perna precisou ficar na cama, imobilizado, por muito tempo. Como fazer para continuar trabalhando? Ao lado de sua cama havia um telefone de onde ele fazia suas ligações. Teve uma idéia e falou para sua mulher: "Pegue meus blocos de anotações, minhas tabelas, e os números de telefone de meus clientes que eu vou começar a vender". Montou um escritório ao lado da cama e começou a vender por telefone. Para sua surpresa, acabara de descobrir uma forma mais eficaz de vender. O que aconteceu com ele? Após seis meses, suas vendas por telefone **aumentaram em 87%**, ou seja, vendeu 87% a mais por telefone do que vendia pessoalmente. Por que isso?

Porque ele se comunicava com uma freqüência **quatro** vezes maior do que quando fazia visitas. E sabe de uma coisa? Não incomodava tanto aos clientes quanto antes. Era melhor atender a um simples telefonema do que marcar uma visita, diziam seus clientes.

Esta é uma vantagem, e ele explica o porquê: "Como toda novidade, foi difícil reconhecer a realidade telefônica para entender se valia a pena. Agora passo somente metade do tempo na rua, quando procuro novos negócios, e a outra metade na minha mesa de telemarketing, mas o volume de vendas continua aumentando".

Você não precisa quebrar uma perna para descobrir isso – o importante é perceber que o telefone pode ser usado como uma ferramenta valiosíssima para a realização de negócios e para aumentar os seus ganhos.

CAPÍTULO 3

# Impossível vender em um ambiente negativo

Em muitas empresas de telemarketing, o ambiente de vendas e as pessoas são negativas, com uma atmosfera contaminada pelo fracasso e desânimo. Cuidado com esse tipo de ambiente e de pessoas; isso já quebrou e continuará quebrando muitas empresas e arruinando muitas carreiras.

Pessoas que não acreditam em nada, que perderam a vontade de lutar, que chegam até você e dizem: "Isso não vai dar certo! Está difícil!", só atrapalham. Um ambiente com pessoas assim não é propício para vendas!!!

Um vendedor positivo eventualmente pode influenciar um ou outro da equipe, mas um vendedor negativo, triste, pessimista, pode contaminar toda a equipe rapidamente, e isso é realmente perigoso.

*Recado para o pessoal de RH:*
*se você tiver alguém na empresa pessimista,*
*desmotivado, negativo,*
*digite uma carta de recomendação e*
*mande-o para o concorrente.*
*Lembrou de alguém?*

A empresa pode ter o melhor produto, com o menor preço, mas se a equipe estiver desmotivada, não vende! Você pode pensar que, nesse caso, a saída é mudar de empresa. Mas, nem sempre a troca de emprego é possível e, mesmo que você consiga trabalhar em outro lugar, é provável que volte a encontrar pessoas que arrasam com as vendas. Por isso, muitas vezes você terá de enfrentar a situação. O que fazer, então, para vender em um ambiente negativo?

A solução é ter claramente definidos quais são os seus objetivos e quais são as suas razões para vender. Existe um vídeo, cujo título é "Razão para Vender"*, que eu recomendo a todo o pessoal de telemarketing.

Nele, vemos um ambiente de telemarketing repleto de gente negativa, porém um vendedor não se deixa contaminar e destaca-se dos demais vendendo muito, por ter fortes *razões para vender*.

Vender por telefone não é uma atividade fácil, é desanimador, é para poucas pessoas, você ouve muito mais *não* que *sim*. Por isso, é necessário ter uma alta motivação para se levantar de manhã e ter mais um dia de glória nessa profissão.

---

*Vídeo comercializado pela empresa SIAMAR.

*Impossível vender em um ambiente negativo*

E você, quais são seus motivos para vender?

| Motivos para Vender |
|---|
| 1.º |
| 2.º |
| 3.º |
| 4.º |
| 5.º |

"Muitas vezes você deixa o seu principal objetivo em casa, dormindo, quando sai para trabalhar de manhã."

# CAPÍTULO 4

# A MOTIVAÇÃO EM TELEMARKETING

Os **bons** vendedores são raramente motivados apenas pelo dinheiro. Bons vendedores, na verdade, são motivados por desafios.

Não estou dizendo que o dinheiro não é importante, não é isso! Mas estou afirmando que o dinheiro não é a única forma de motivar equipes de telemarketing. Existem outras como, por exemplo:

## OS DESAFIOS, DISPUTAS E CAMPEONATOS

Mesmo com poucos recursos, usando-se a criatividade, é possível conseguir verdadeiros milagres em termos de motivação.

*"Um cavalo de corrida nunca dá o máximo de si quando está correndo sozinho; coloque-o para competir com outro puro sangue e então o verá dar o máximo de si."*

Quero ilustrar com o caso de um departamento de telemarketing localizado em São Paulo, que nos dá uma verdadeira lição.

Na ocasião, o departamento contava com 12 vendedores, sendo seis homens e seis mulheres. Foi o que bastou para que surgisse um desafio: quem vende mais, os homens ou as mulheres? Como se não bastasse, para dar uma emoção especial à disputa, os homens fantasiaram-se de *cowboys* e as mulheres, de índias.

As vendas incendiaram como poucas vezes eu vi e renderam a todos ótimos resultados – naquele dia foi registrado o recorde de vendas do ano. Mais um detalhe: sabe quanto esta brincadeira custou para os cofres da empresa? Menos de R$ 2,00; o valor da tinta para a caracterização dos funcionários.

*A motivação em telemarketing*

Disputas de equipes, duplas, trios e até individuais, quando estimuladas saudavelmente, costumam render uma dose extra de motivação e de vendas.

# COMEMORE! MANTENHA UM CLIMA DE VENDAS ALEGRE

Os desafios, para se fechar negócios por telefone são muitos, além do estresse e da pressão, normais na área de vendas. O vendedor interno passa a maior parte do dia isolado entre quatro paredes, ou em um biombo em parte pela própria natureza da operação, que exige concentração dos profissionais para fechar negócios. Neste cenário individualista e frio, é fundamental que o ambiente seja agradável, favorável às vendas. Chamamos isto de **clima de vendas.**

A decoração com bexigas, faixas e cartazes motivacionais* ajuda a tornar mais alegre e positivo o ambiente. Outra forma de motivação importantíssima, mas que muita gente deixa de lado, é o fator comemoração.

---

*Consulte a empresa Commit, que dispõe de vários cartazes com frases motivacionais de alto impacto, perfeitos para decorar salas de telemarketing, além de um grande acervo de vídeos motivacionais.

Todas as vendas, por menores que sejam, devem ser comemoradas; afinal, este é o momento de glória do vendedor. É um cliente novo chegando à casa ou um cliente antigo que está comprando novamente, e isso, por si só, já é motivo mais do que suficiente para comemorações.

Empresas mais alegres e divertidas podem comemorar as vendas com sinos, buzinas, aplausos, gritos etc. Mas, caso a empresa seja mais conservadora, como conheço várias, isso não é motivo para deixar de comemorar. A festa pode ser mais discreta, com pequenas palmas,

parabéns, acender e apagar as luzes rapidamente, entre outras formas. Tive a oportunidade de treinar as meninas de um fantástico Call Center, onde vi um tipo de comemoração muito especial, e ao mesmo tempo discreta, que não atrapalhava as ligações das outras operadoras: todas as vezes que alguém fechava uma venda, a supervisora tocava um trecho daquela famosa música da vitória do Ayrton Senna, era o suficiente para arrancar um sorriso de toda a equipe e motivar cada operadora para a próxima ligação.

# CAPÍTULO 5

# A VELOCIDADE NO ATIVO E A LEI DAS MÉDIAS A SEU FAVOR

Para vender bem no telemarketing ativo é preciso ter velocidade e objetividade nas ligações; sem isso, o trabalho não será mais que um passatempo, com uns míseros e pingados contratos fechados no final do mês.

É uma questão de lógica, quanto maior for o volume de ligações, maiores serão as chances de ser atendido e vender. A maior dificuldade que temos quando fazemos o ativo é encontrar a pessoa com quem se deseja falar. Na maioria das ligações, ela não está, ou manda dizer que não está, e também pode estar ocupada com outras coisas e não ter disponibilidade para atender a *mais um* vendedor. Daí a importância da rapidez nas ligações, para tentar encontrar alguma "boa alma" que tenha disponibilidade de ouvir o vendedor por alguns minutos.

Outro ponto fundamental para se fazer bem feito o ativo é a objetividade e uma boa abordagem para ganhar o interesse do cliente em apenas alguns segundos. Trataremos disso com mais detalhes no capítulo 15, chamado "Cinco Lições sobre Abordagem por Telefone".

As anotações podem ajudar muito os vendedores a controlarem melhor como está o seu trabalho, o que é diferente de saber como estão suas vendas. Trabalhar é uma coisa e vender é outra bem diferente.

Vamos supor que você faça um controle simples de seu trabalho, anotando quantas ligações e quantas entrevistas faz por dia e quantos 'pendentes' você tem. *Pendentes* são aqueles clientes que não disseram nem que sim, nem que não. É importante que alguns conceitos fiquem bem claros: *ligação* é o contato que você faz para a empresa-alvo e *entrevista* é quando você fala, nessa empresa, com quem realmente decide – o que é bem diferente de ligação, de quantos clientes você ouviu *Não* e de quantos você ouviu *Sim*.

Você também deve saber qual foi o *valor médio* de vendas naquele dia.

Imagine que você tenha um controle como esse; então fica fácil levantar as suas médias e avaliar o seu desempenho baseado em fatos, e não em percepções. Eu posso fazer dez ligações e não conseguir falar com o responsável em nenhuma delas. Esse é um dado importante para analisar o desempenho; como posso vender se não consigo falar com quem decide? Sabendo disso, mantenho minha auto-estima e sigo em frente, mas o vendedor que não tem essa informação achará que o problema está nele e que os clientes não estão querendo comprar criando muitas outras fantasias, se desmotivando rapidamente.

Veja um exemplo real de um vendedor de assinaturas de revista:

```
Ligações .............................................. 204
Entrevistas ............................................ 46
Pendentes ............................................. 14
Clientes que disseram não ................ 22
Vendas ................................................... 10
```

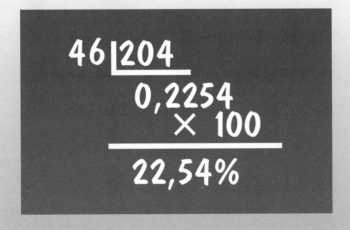

Esse vendedor fez, em três dias, 204 ligações, com 46 entrevistas, o que resultou em 14 contratos pendentes, 22 respostas negativas e 10 fechamentos de vendas. Ele vendeu R$ 1.600, ou seja, R$ 160 por contrato. Que leitura fazemos disso? O primeiro passo é levantar as médias desse vendedor. Ele tem um aproveitamento de 22,5%, ou seja, de cada 204 clientes, ele consegue falar com 46. Então, se ele seguir como está e fizer 1.000 ligações, pela lei das médias falará com 225 clientes. Ele tem um índice de 22,5%. Se isso é bom ou ruim, depende do negócio. Para uma determinada empresa, um índice de 5% pode ser considerado bom e para outra, 60% pode ser um péssimo índice.

Ainda analisando esses dados, outra informação importante é a média de fechamento dele: das 46 entrevistas ele fechou 10 assinaturas, resultando em um índice de 21,75%. Com esse fator, é possível comparar o rendimento dele com o de outros membros da equipe e dar-lhe os parabéns se estiver acima da média geral, ou alertar e treinar, caso a média esteja abaixo da desejada.

Portanto, as anotações servem tanto para o televendedor praticar a autogestão, verificando o seu próprio desempenho e criando assim metas particulares, quanto para o supervisor e gerentes tomarem decisões estratégicas e fazerem suas projeções de faturamento para o mês.

Esta é a importância de ter um controle objetivo. Agora, imagine que você, vendedor, tenha os dados referentes ao dia, mês e ano — você saberia em que pontos está errando ou acertando. Estaria fazendo uma radiografia do seu trabalho. Já vi gerente de vendas falando para seu vendedor: "Você precisa ligar mais, porque está vendendo pouco". O empregado sai desesperado para ligar mais, afinal não quer perder seu emprego. Esta situação gera uma pressão desnecessária, um desgaste emocional seguido da frustração do vendedor, uma vez que se gasta muito em contas de telefones estratosféricas e sem resultados. Será que o problema do vendedor era realmente fazer mais ligações, ou seria melhor utilizar melhores técnicas de abordagem para conseguir mais entrevistas, ou ainda melhorar as técnicas de fechamento para aumentar o índice de aproveitamento das entrevistas?

Imagine uma pessoa que se perde no meio de uma floresta e, na tentativa de encontrar o caminho de volta antes do anoitecer, ela começa a correr desesperadamente. Caso ela esteja correndo para o lado errado, o que acontecerá? Ela ficará ainda mais perdida. É essa analogia que faço com vendedores que não controlam seu trabalho, se estiverem trabalhando errado. Quanto mais trabalharem, menos irão vender.

*Mostre-me um vendedor que faça todas as anotações e eu lhe mostro um campeão de vendas. Por quê?* Porque é impossível um vendedor fazer anotações de seu trabalho por telefone e não se tornar um grande profissional. A maior loucura da Humanidade é querer um resultado diferente, quando se age sempre da mesma forma. Não adianta fazer sempre a mesma coisa! Se você quiser resultados diferentes, tem que fazer coisas diferentes no seu dia-a-dia.

Comece hoje mesmo! Use a *lei das médias* a seu favor, fique rico vendendo. Seu lugar ao sol está lá, esperando por você.

# CAPÍTULO 6

# Perigo! Cuidado com o grande ladrão de tempo

Cuidado com um dos maiores ladrões de tempo dos vendedores internos hoje em dia. Você pode estar perdendo muito dinheiro com o mal uso do e-mail.

O envio de uma série de propostas e propagandas por e-mail, com a intenção principal de melhorar o telemarketing ativo, é pura perda de tempo. Esta estratégia não vende nada; se vendesse, a empresa mandaria todos os vendedores embora e colocaria uma série de computadores disparando e-mails e colhendo os pedidos. Mas, na verdade, não é assim que funciona, quem vende é *o vendedor*.

Como experiência, monitoramos um vendedor que enviou 520 propostas por e-mail para clientes potenciais, todas muito bem escritas, personalizadas uma a uma, o que lhe custou três dias de trabalho, somado todo o tempo despendido. O resultado em vendas foi... ZERO! Isso mesmo, nenhum pedido fechado. Ele atualmente dedica seu tempo à velocidade no tele-marketing ativo.

Hoje, neste exato momento, existem milhares de vendedores fazendo exatamente a mesma coisa, ou seja, perdendo tempo "trabalhando", no lugar de estarem vendendo.

Caso você deseje fazer algo a mais para aumentar suas vendas e buscar novas saídas para vender – o que é admirável – tente enviar e-mails, mas faça duas coisas importantes:

1.º envie seus e-mails fora de seu horário comercial – chegue uma hora mais cedo, ou saia uma hora mais tarde. Desta forma, você não prejudicará o seu TAV (Tempo Ativo de Vendas), que é o tempo útil que você deve passar efetivamente conversando com os clientes;

2.º monitore o seu resultado; veja a quantidade de e-mails enviados e cruze com as vendas que deles resultaram para verificar se compensa.

Fique atento a essas novas tecnologias para não virar refém de modismos. O e-mail como arma de vendas ainda é muito novo, seu uso começou no Brasil há menos de 10 anos, em 1995, e entrou forte no mercado de vendas de 2000 em diante.

O uso indiscriminado de e-mails como tentativa de vendas gera uma falsa sensação de trabalho. O vendedor diz para si mesmo: "Caramba, estou me esforçando, já mandei mais de 100 e-mails hoje!" Atenção! Trabalhar duro é uma coisa, enviar e-mail e vender são coisas diferentes.

*Perigo! Cuidado com o grande ladrão do tempo*

O e-mail engana muito, dá a impressão de que você está vendendo, mas você *não está vendendo, está só trabalhando*. Pense nisso com cuidado, porque, hoje em dia, vender é o resultado de esforço e dedicação combinados com inteligência.

## Caso 1

Outro dia, em um Congresso de vendas em São Paulo, quando eu falava sobre este assunto, um dos participantes levantou a mão e disse:

— Professor, eu tomei conhecimento deste congresso através de e-mail e por isso fiz minha inscrição. Então, nesse caso, o e-mail funcionou. Como o senhor explica isso?

Eu respondi:

— Muito bem colocado, mas analise comigo: o e-mail que você recebeu não foi enviado por um vendedor, e sim por um software que dispara milhares de e-mails por hora, 24 h por dia. O retorno é baixíssimo, mas como a quantidade enviada é grande um ou outro cliente acaba entrando em contato com a empresa. Só para você ter uma idéia, conheci uma empresa que enviou através desse sistema 200.000 e-mails e teve retorno de duas ligações, o que equivale a 0,001%. Imagine se isso tivesse sido feito por um vendedor!

Caro amigo leitor e vendedor, não me leve a mal: quero que saiba que não sou contra o uso do e-mail; não podemos voltar atrás e viver como os vendedores do século XVI. O e-mail deve ser mais uma ferramenta de vendas, você deve usá-lo como complemento das suas ações telefônicas. Ele deve atuar como um *ator coadjuvante* no processo de vendas, e nunca como o *ator principal*.

# CAPÍTULO 7

# A DESCULPA MODERNA NA QUAL OS VENDEDORES INGÊNUOS CAEM!

Até algum tempo atrás, quando os clientes queriam despachar os vendedores, mas não tinham coragem, diziam para enviar um catálogo ou uma mala direta, ou apenas falavam que iam pensar.

Hoje, com o advento do e-mail, a solicitação é outra. Tente imaginar a seguinte situação: você está em seu escritório e, de repente, recebe a ligação de uma vendedora lhe oferecendo algum tipo de produto ou de prestação de serviço que você não estava pensando em adquirir no momento. Porém, a vendedora se mostra bastante simpática e atenciosa, o que faz com que você fique sem jeito de despachá-la ou de dizer que não vai comprar. Então, você solta a famosa frase: **"Mande-me um e-mail com mais informações, que vou analisar e lhe retorno depois..."**. A vendedora imediatamente pára tudo o que está fazendo para se dedicar à nova "venda" e perde um tempo precioso preparando, com o maior capricho, sua proposta personalizada, que alimentará suas esperanças de vendas.

No entanto, quando você checa seus e-mails, verifica que recebeu a tal mensagem, oferecendo o que você não está interessado em comprar. Você imediatamente, sem pensar, simplesmente com um toque, a **apaga!**

A pobre vendedora, que não leu este livro como você, perderá ainda mais tempo alimentando a esperança de que você irá comprar. Provavelmente ligará mais um monte de vezes para tentar falar com você e o resultado final você já sabe qual será.

Acredito que em um caso ou outro o envio de mais informações por e-mail pode ajudar a vender, mas são raras exceções.

*A desculpa moderna na qual os vendedores ingênuos caem!*

A grande dúvida que surge, então, é: como faço para saber se o cliente está falando a verdade ou não? Infelizmente, a arte de vender por telefone não é uma ciência exata e não existe uma fórmula única que responda a tal questão. Você precisa usar toda sua concentração e intuição para descobrir qual a real intenção do cliente. Muitas vezes, somente pela maneira displicente, demonstrando pouco caso, já dá para saber do que se trata...

Minha equipe de telemarketing foi instruída a fazer uma pergunta para todos os clientes que pediam e-mail: "De 0 a 5, qual a chance de o senhor comprar?" Se a resposta fosse qualquer número menor que 4, eles não podiam mandar o e-mail e insistiam ao máximo para fechar a venda no ato, pois sabiam que se o cliente desligasse seria como ver o trem partindo na estação.

Se essa atitude é certa ou errada, deixo para você decidir. O que realmente importa para mim é que minha equipe diminuiu a quantidade de falsas pendências e passou a vender mais, ganhando dinheiro como nunca ganhara antes. Ver meus vendedores felizes, isso sim me importa.

Como este assunto é relativamente novo, merece uma atenção especial, para evitar que departamentos inteiros de telemarketing caiam nesta armadilha, perdendo uma grande quantidade de tempo e de dinheiro.

# CAPÍTULO 8

# RECEPTIVO É ÁGUA NO DESERTO

*Receptivo = cliente que entra em contato com sua empresa querendo informações, como preço, detalhes de funcionamento de algum produto, ou desejando comprar.*

A melhor forma de administrar o receptivo é baseada no desempenho de vendas. Vendedores com um melhor índice de conversão de ligações em vendas, ou seja, com melhor aproveitamento, devem ficar com a maior parte do receptivo, e os vendedores novatos, inexperientes ou fracos, devem ficar apenas com a menor parte ou, quando os receptivos são poucos, com nenhuma parte.

Não se trata de ser malvado ou bonzinho, trata-se de negócios. Veja o exemplo a seguir:

## Questão: Quanto custa um receptivo?

Suponha que a empresa X investiu R$ 2.000,00 em propaganda para divulgar um determinado produto ou serviço *(cá entre nós, quantia bem modesta, tratando-se de publicidade)*. Essa ação de marketing gerou 20 ligações para empresa.

Se pegarmos os R$ 2.000,00 de investimento e dividirmos pelas 20 ligações de retorno teremos:

$$R\$ \ 2.000,00/20 = R\$ \ 100,00$$

**Resposta:** Cada receptivo custou para a empresa R$ 100,00; é o mesmo que dizer que a empresa pagou R$ 100,00 para um cliente potencial entrar em contato com ela.

Agora, eu lhe pergunto:

## — Dá para entregar um receptivo a um vendedor despreparado?

Vou um pouco mais além... Ainda seguindo o exemplo anterior, suponhamos que os vendedores que atenderam as 20 ligações tiveram um aproveitamento de 50%, fechando 10 vendas. Agora, é preciso ver se a ação de marketing compensou financeiramente, verificando qual foi o valor faturado com as 10 vendas e qual foi o lucro apurado. Atenção: se o lucro for menor do que os R$ 2.000,00 investidos inicialmente, essa ação não compensou, a empresa perdeu dinheiro e pagou para trabalhar, mas se o lucro obtido na transação foi superior ao investimento, aí sim podemos dizer que a operação foi um sucesso!

Lembre-se: um dos fatores que levam grande parte das empresas à falência prematuramente é vender **SEM** lucro.

Em uma equipe de telemarketing em que os vendedores não estão aptos a atender um receptivo e converter uma simples consulta de preços em vendas, cabe ao gerente treinar e capacitar esses vendedores. Afinal, treinamento e desenvolvimento de vendedores não é função só do RH, é função principalmente do gerente de vendas.

Distribuir igualmente os receptivos para os vendedores, a fim de evitar discórdias, é muito cômodo para o gerente de vendas, mas ele não atingirá alta performance em seus resultados*.

*Este é o assunto de meu outro livro, chamado: *Como Treinar, Formar e Dirigir Equipes de Vendas.*

# CAPÍTULO 9

# Os seis erros que novatos e veteranos cometem...

Ao longo do meu trabalho como vendedor e gerente de telemarketing, pude notar que vendedores novatos e, às vezes, até mesmo veteranos cometem erros banais que levam à perda da venda. Se você não os cometeu, ótimo, mas certamente já ouviu alguém falar:

## Erro 1:

### Pense com calma, eu lhe ligo depois

Ah, mas que vendedor gentil, não? Esse é o sonho de todo comprador. A frase acima *nunca* deve partir do vendedor; é papel dele tentar fechar a venda. Os clientes naturalmente já tentam postergar a decisão da compra. Agora, se o vendedor também fizer o mesmo, o negócio fica difícil.

Em vendas por telefone não existe amanhã – ou você fecha a venda ou as chances diminuem muito na segunda e terceira ligações, isto é, se você conseguir falar novamente com o cliente, porque muitas vezes ele não o(a) atenderá mais.

Acredito que apenas uma pequena parte dos clientes que pedem tempo para pensar compra depois; na verdade, quando eles dizem isso já têm a resposta na cabeça, que é **Não**. Eles apenas não têm coragem de dizer isso ao vendedor, e usam essa desculpa.

## Erro 2:
## O senhor prefere que eu lhe mande um e-mail?

Isso é que é ser um vendedor prestativo, não é verdade? Esta é outra pergunta que o vendedor nunca deve fazer, pois o e-mail é um ladrão de tempo, como vimos no Capítulo 6.

Os seis erros que novatos e veteranos cometem...

# Erro 3:
## A senhora tem meu telefone! Qualquer coisa, me liga, tá?...

Só um instante, amigo leitor: tem um Papai Noel montado em um trenó aqui na minha janela... Acreditar que o cliente ligará é o mesmo que ficar esperando Papai Noel na janela!

Faça uma pesquisa: a cada 10 clientes a quem você diz "O senhor tem meu telefone, qualquer coisa volte a me ligar", quantos efetivamente voltaram a ligar? Fizemos essa pesquisa em uma empresa de telemarketing que vendia pacotes turísticos e produtos bancários, e a resposta foi zero. Isso mesmo, nenhum! A cada 10 clientes, nenhum voltava a ligar; foi preciso dizer a frase acima a 35 clientes, para que 1 efetivamente retornasse a ligação.

# Erro 4:
## "Me ajuda!" Eu preciso ganhar um prêmio hoje

Pode até parecer brincadeira, mas não é. Já ouvi vendedores falando isso ao telefone não uma ou duas vezes, mas dezenas de vezes. Poucas frases demonstram tanto amadorismo como esta.

Com frases desse tipo, o vendedor inverte totalmente o objetivo principal do ato de vender, que é o de servir _ao_ cli-

ente, e passa a assumir a posição de servir-se *do* cliente – e com isso não vai conseguir vender.

Sinceramente, você acha que o cliente irá comprar para ajudar o vendedor a resolver seus problemas pessoais? Claro que não, esse tipo de postura só joga a credibilidade e o profissionalismo para baixo.

# ERRO 5:
## Comentários negativos após a ligação

Poucas coisas me irritavam tanto, quando eu gerenciava uma equipe de telemarketing, do que os comentários negativos e destrutivos que alguns vendedores faziam após desligar o telefone.

Comentários do tipo "Esse cliente é um mala, um grosso. Esse outro é um espertinho, um curioso, um derrotado etc." não levam a lugar algum, ou melhor, levam ao fracasso, porque influenciarão negativamente outros colegas de trabalho, que também passarão a

*Os seis erros que novatos e veteranos cometem...*

reclamar, colocando a culpa de seus fracassos nos clientes.

# ERRO 6:

## Preconceitos e suposições

Todos os dias, muitos negócios são perdidos por puro preconceito, principalmente em vendas por telefone. Como o vendedor não vê o cliente do outro lado da linha, então ele o imagina. A imagem que o vendedor faz do cliente nem sempre é real. Ela pode ser totalmente diferente da realidade. Por exemplo, um vendedor pode achar que o cliente é pobre demais para fazer uma compra de alto valor, devido à sua simplicidade e, por isso, oferece produtos de baixo valor, quando na verdade o cliente pode ter muito dinheiro e poder de compra para muito mais.

# CAPÍTULO 10

# Como preparar um roteiro que vende

**P**rimeiro, vamos deixar bem clara a diferença entre um *script* e um roteiro. No *script*, o vendedor não pode fugir do que está escrito e televendedores que trabalham dessa forma parecem robôs falando. Lembrou-se de já ter sido atendido dessa forma?

Já o roteiro é diferente, ele diz que você deve seguir uma determinada linha de raciocínio, mas com flexibilidade suficiente para alternar a rota no meio do caminho.

## Aí vai uma dica...

Os passos para um roteiro que dá resultado são sete:

1. Abordagem
2. Descobrimento
3. Apresentação
4. Recomendação/Negociação
5. Objeção
6. Fechamento
7. Pós–venda

É importante manter a flexibilidade e não ser rígido; essa é a principal vantagem em relação aos tradicionais *scripts* fechados. Às vezes, é necessário ir direto ao fechamento e, em outras, voltar ao descobrimento. Ora ir mais rápido, ora mais devagar, isso não importa, o fundamental é ter uma linha mestra a seguir. O bom roteiro é aquele que mostra como chegar lá e não o caminho, pois este deve ser trilhado a partir da conversa estabelecida com o cliente.

## ABORDAGEM

Um bom roteiro de vendas começa com uma boa abordagem. Na abordagem, você precisa passar três coisas para os clientes nos primeiros 30 segundos: quem é você, de onde você fala e o que você quer. Devemos prestar atenção na entonação, dicção, velocidade e entusiasmo, para prender a atenção do cliente.

O motivo da ligação tem que ser algo forte e que desperte o interesse do cliente. Muita atenção nisso, porque é na abordagem que a gente causa boa impressão. Ou deixamos a imagem de quem apenas tira pedidos, ou a imagem de um eficiente prestador de serviços.

### Aí vai uma dica...

Repita o nome do cliente várias vezes na abordagem e durante toda a conversa. Este simples ato faz com que as vendas aumentem, pois estes vendedores demonstram ser mais simpáticos com os clientes.

## DESCOBRIMENTO

Tão logo tenhamos conseguido a atenção do cliente, o ideal é fazer duas ou três perguntas inteligentes, que revelem alguma necessidade do cliente. É importante não parecer um interrogatório e sim um bate-papo, em que transpareça para o cliente que nós esta-mos preocupados em ajudá-lo, e não em vender.

### Aí vai uma dica...

É aconselhável não trabalhar na base do improviso. Prepare com antecedência uma relação com as principais perguntas que podem ser feitas para os clientes; deixe-a sempre à vista.

## APRESENTAÇÃO

Na apresentação, todo entusiasmo é pouco. Não teremos uma segunda chance de causar uma boa primeira impressão. O que falarmos ficará gravado. Portanto, é hora de focar nos benefícios que o cliente ganhará fazendo negócios conosco e, de preferência, expor os benefícios que preencham as necessidades que você levantou no descobrimento.

### Aí vai uma dica...

Faça os clientes imaginarem os benefícios; as pessoas compram muito mais pela emoção do que pela razão, e mostre também muita convicção e entusiasmo no que está vendendo. Isso o ajudará a persuadir o cliente e a fechar a venda.

## RECOMENDAÇÃO/NEGOCIAÇÃO

Agora é o momento ideal para tratar de valores, pois já vendemos a idéia. Quando invertemos a ordem e passamos primeiro o preço, antes de

_Como preparar um roteiro que vende_

falarmos sobre benefícios, por mais barato que seja, parecerá caro.

## Aí vai uma dica...

Após mencionar o preço, fique quieto. Quando o vendedor fala muito, acaba perdendo a venda.

# OBJEÇÃO

Naturalmente, após falarmos de valores, o cliente dirá SIM ou fará uma OBJEÇÃO, o que é mais provável que aconteça. Esse é o momento para tratar e responder adequadamente às objeções.

Antecipe-se e relacione as dez objeções mais comuns que você ouve com freqüência e prepare-se para respondê-las. Quanto mais tecnicamente preparado estiver, melhor. Assuma também uma postura positiva, transmitindo uma forte crença no que está falando.

### Aí vai uma dica...

A primeira objeção normalmente é falsa; ela é muito mais um mecanismo de defesa para o medo natural de gastar dinheiro do que uma objeção propriamente dita.

Não dê muita atenção a ela e continue com a venda, mas se ela apareceu novamente na conversa, é um forte indício de ser verdadeira; então, trate de respondê-la.

## FECHAMENTO

Deve ocorrer naturalmente, o mais importante é ficar atento aos sinais de compra e ter determinação, fazendo de tudo para o cliente não deixar a compra para depois.

*Como preparar um roteiro que vende*

## Aí vai uma dica...

Levante-se da cadeira e fale em pé. Quando fazemos isso, nossa fisiologia muda e o tom de voz fica mais forte, o que é fundamental para o fechamento.

# PÓS-VENDA

A venda não acaba quando o cliente compra, ela está apenas começando, já dizia Joe Girard, o maior vendedor do mundo. Após o fechamento, aproveite o momento em que a adrenalina abaixou e dê os parabéns ao cliente pela compra, reafirmando que ele fez um bom negócio. É importante, o cliente precisa ouvir isso para evitar aquele sentimento de dúvida que surge no pós-compra, levando algumas vezes ao cancelamento.

## Aí vai uma dica...

Anote alguns dados pessoais para envio de e-mails e correspondências em datas especiais como aniversários, por exemplo.

Vale a pena ressaltar que é preciso ter muita flexibilidade e adaptar o roteiro a cada situação de venda. Às vezes será necessário encurtar um pouco, devido à objetividade do cliente, ou estender um pouco mais algum passo. Isso não importa, o fundamental é ter um roteiro a seguir que faça sentido, com início, meio e fim.

CAPÍTULO 11

# Uma atitude que é comum a todos os campeões

*Pressão alta é uma doença perigosa porque é silenciosa. Pendências também...*

É melhor você, vendedor, ao final de um dia de trabalho, ir para sua casa com um monte de *NÃOs*, com a caixa d'água vazia, como dizemos em vendas, e se levantar no dia seguinte para trabalhar, dizendo: "Puxa, hoje eu estou ferrado. Não tenho nenhum cliente pendente que prometeu comprar hoje, **vou ter que me virar pra conseguir uma venda**" do que acordar e dizer: "Hoje eu tenho 15 clientes que ficaram de me dar resposta. Estou tranqüilo sei que vou vender facilmente".

E no decorrer do seu dia você percebe que eram todas pendências falsas, que você passou mais um dia sem vender, sem ganhar dinheiro e cada vez mais distante da sua meta.

Poucas coisas podem ser tão prejudiciais aos televendedores do que alimentar falsas esperanças. O vendedor perde um tempo precioso, que não volta mais, com alguns clientes nos quais acreditava, chegando a ligar para eles quatro ou cinco vezes e nada de eles lhe atenderem.

O comprador indeciso, que diz que "precisa consultar o sócio", ou qualquer outra coisa do gênero, nunca deverá dominar a situação. Ele normalmente diz isso como desculpa que dá a si próprio para não comprar.

A melhor forma que encontrei até hoje para lidar com esses casos é utilizar a famosa frase **"vamos supor que..."**. Quando um cliente diz que deve consultar outra pessoa, por exemplo, enquadre-o dizendo: "Vamos supor que (a outra pessoa) aprove, o senhor também compraria e aprovaria?"

*Uma atitude que é comum a todos os campeões*

Muitas vezes funciona, mas, se não funcionar, solicite que seu cliente ligue para essa outra pessoa na sua frente e resolva a questão, ou então, se isso não for possível, não desista – peça o telefone dessa terceira pessoa, tente agendar uma reunião com ela e, caso consiga, comece sua reunião dizendo: "Estive conversando com seu sócio e ele concordou em comprar este produto, disse que por ele tudo bem, o que o senhor acha?"

Caso o comprador queira falar com o sócio, insista que você deverá falar, pois pela sua experiência o sócio fará perguntas que ele não saberá responder, já que esse é o seu trabalho e você mesmo fará isso, sem compromisso.

O medo de perder a venda faz com que o vendedor assuma uma postura passiva no fechamento. Não tenha medo de insistir um pouco mais, lembre-se que o que conta é o fechamento, pouco importa se você fez um bom trabalho. Se não fechar a venda, vai perder o seu emprego e não levará comida para casa.

Mantenha-se firme na sua postura e conquiste a confiança do cliente; é fundamental ter uma atitude de fechamento para persuadir os clientes nesses momentos finais e evitar a procrastinação.

Resumindo, quando o cliente diz "me liga amanhã", a melhor solução é tentar de tudo para fechar, no ato. Não desista, se esforce, vá à luta, use todos os argumentos, use todas as técnicas de fechamento, se não a venda se torna cada vez mais difícil.

# CAPÍTULO

# 12

# COMO REAGIR DIANTE DO "NÃO, OBRIGADO"

O que você faz quando o cliente diz **NÃO**?

Outro dia eu estava dando treinamento em uma empresa e logo após minha palestra fui para o departamento de telemarketing para ouvir os vendedores em ação. Uma ligação fluía sem maiores problemas quando o cliente, de repente, disse para o vendedor: "tudo bem, mas **não** vou comprar". Nesse instante pensei: "Agora quero ver como ele sai dessa!", e foi aí que aprendi uma grande lição.

O vendedor mudou completamente de assunto e começou a falar sobre o futuro das empresas no Brasil e coisas assim. Após mais ou menos 15 minutos de conversa, indo e voltando várias vezes no fechamento, o vendedor perguntou ao cliente: "O senhor prefere que eu envie para sua residência ou para sua empresa?" e como em um passe de mágica, o cliente disse que a mercadoria poderia ser enviada para a empresa.

Moral da história: se o vendedor tivesse sido duro demais, insistindo naquele momento, batendo de frente com o cliente, o clima ficaria pesado e a venda não aconteceria. Em contrapartida, se o vendedor também tivesse assumido uma postura passiva demais, aceitando o não do cliente, também perderia a venda.

A regra de ouro que aprendi foi: quando o cliente disser *Não*, nunca bata de frente com ele, mude de assunto e tente novamente.

Quando os clientes dizem *Não*, na verdade estão acionando um mecanismo de defesa automático, em que a mensagem que o cérebro envia diz para evitar gastos e economizar. Portanto, não é que o cliente não quer comprar, ele quer, mas não quer gastar; por isso a importância de sabermos lidar com esse primeiro *Não* e contorná-lo

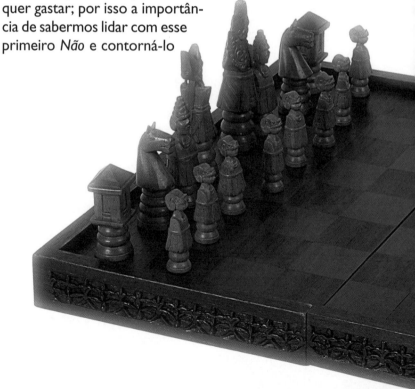

*Como reagir diante do "não, obrigado"*

para fechar as vendas. O *Não* é muito mais um reflexo psicológico do que a expressão da vontade propriamente dita.

Há algum tempo, participei de um treinamento chamado: *"Treinamento para Compradores Profissionais",* justamente para descobrir como os compradores são treinados para lidar com os vendedores. A maior lição, a mais surpreendente que aprendi e jamais esperava ouvir foi:

Minta para os vendedores, sempre diga *NÃO*, mesmo que esteja precisando e querendo comprar, pois a palavra *NÃO* desestabiliza completamente os vendedores amadores, deixando-os em suas mãos!

Para manter sua auto-estima elevada, é importante você *Não* levar a resposta negativa para o lado pessoal; na maioria das vezes o comprador está dizendo *Não* para o produto, para sua empresa, ou para o próprio bolso dele, e não para você.

# CAPÍTULO 13

# FECHANDO MUITAS VENDAS POR TELEFONE

Os melhores vendedores se saem bem porque nunca se esquecem que o objetivo principal é fechar vendas. Agem de forma ativa e começam o fechamento logo que o cliente diz "bom dia", ou seja, ficam focados no fechamento, não perdem oportunidades de concluir o negócio.

Vendedores que não sabem fechar vendas perdem de 30 a 50% das vendas que poderiam fazer se tivessem um pouco mais de determinação e habilidade. Aliás, muitos vendedores fracassam porque têm medo de ouvir um *NÃO* e, por não saberem lidar com ele, perdem muitos negócios.

Você se lembra de um brinquedo infantil em que encaixava as pecinhas com diferentes formas geométricas? Eu comparo aquele brinquedo com técnica de fechamento. Se dermos para uma criança apenas uma peça, o que aconte-cerá? Ela ficará tentando encaixar o quadrado no retângulo, ou na estrela, e não conseguirá. Depois de muito tempo e de tanto insistir, fi-nalmente ela encaixará esta única peça. Em telemarketing é a mesma coisa: o vendedor que domina somente um tipo de fechamento, ten-tará vender para vários clientes sem obter su-cesso, mas de tanto insistir, uma hora ele ven-derá para alguém.

O problema está justamente naqueles clientes para quem ele não conseguiu vender, pois esta-va trabalhando com a "peça" errada. O arsenal do vendedor deve ter várias técnicas de fecha-mento, aumentando consideravelmente suas chances de vender, porque quanto mais técni-cas e frases de fechamento conhecer, mais ven-das fechará.

A seguir você verá 59 técnicas e frases de efei-to para fechamento, que foram testadas por mim e por outros vendedores, que deram bons re-sultados em vendas:

1. Seja claro e objetivo, sem rodeios, pois os compradores não gostam de gente prolixa.

2. Mantenha ao seu alcance, em seu lugar de trabalho, todo o material para o fechamen-to, como calculadora e tabelas de preços. Vacile e perderá a venda, tudo o que o cli-ente quer é uma chance de escapar.

3. Troque de voz; coloque sua supervisora para falar no arremate final, isso dá força no fechamento e valoriza o cliente.

4. Use depoimentos, testemunhais e fatos; nada vende mais que um caso, uma história

verdadeira (em último caso envie-os por fax ou e-mail).

5. Dê o preço e fique quieto. Não tente falar mais nada depois disso, silenciar e olhar firme nos olhos do comprador (quando se está em visita pessoal) é uma das melhores maneiras de persuadir.

6. Em visita ao cliente, peça para ele pegar uma folha em branco, passar um risco no meio, e do lado esquerdo escrever Vantagens em Comprar (ajude-o a relacioná-las) e do lado direito Vantagens em Não Comprar (ajude-o novamente). Ele verá que é muito mais vantajoso fechar negócio com você.

7. Pergunte: "De um a cinco, qual é a possibilidade do senhor comprar?" Não acredite em menos de 4,5!

8. Seja ousado, solicite mais pedidos e venda mais.

9. Dê alternativas ao cliente; por exemplo, o senhor quer que eu tire o pedido em nome de pessoa física ou jurídica? Prefere pagar com cartão ou boleto? Receber em sua residência ou na empresa?

10. Coloque um espelho em seu lugar de trabalho. Olhe para ele quando estiver falando; você vai falar com mais força e com mais entusiasmo.

11. Levante-se no momento do fechamento e fale em pé, pois o seu tom de voz ficará mais forte, imponente e persuasivo.

12. Reduza ao ridículo o preço, dividindo o valor proposto pelo tempo de duração do produto, pelos dias do mês, do ano e faça comparações.

13. Obtenha uma série de respostas positivas, usando perguntas preparadas previamente; assim, ficará mais fácil conduzi-lo ao *Sim*.
14. Valorize seu produto com a escassez; todo mundo quer o que é difícil, limitado e especial.
15. Diga o que ele ganhará comprando de você; explore o prazer de ganhar.
16. Diga o que ele perderá se não comprar de você; explore o medo de perder.
17. Tente uma venda consignada, se isso for possível no seu negócio.
18. Ofereça uma oferta especial ou algo diferenciado.
19. Proponha um período de teste e a devolução em caso de insatisfação (se for possível).
20. Feche com estatísticas e pesquisas.

*Fechando muitas vendas por telefone*

21. Ofereça algo que a concorrência não faz; algum diferencial no atendimento, por exemplo.

22. Informe os telefones de seus clientes para referências, desde que previamente autorizados pelos mesmos. Esta é uma ferramenta muito poderosa no fechamento.

23. Não mencione a possibilidade de enviar mais informações por e-mail ou mala direta, pois isso é tudo o que o cliente precisa ouvir para adiar a compra.

24. Presuma que o cliente comprou e tome a iniciativa de fechar, não fique esperando.

25. Ofereça um desconto para uma quantidade maior ou para um pagamento à vista.

26. Visite seu cliente para desenrolar o caso; se for uma venda grande, o esforço vale a pena.

27. Deixe o cliente falar e aguarde em silêncio, ouvindo com o máximo de concentração o que ele tem a dizer. Ele mesmo dará as respostas do que precisa para fechar a venda.

28. Use a imaginação a seu favor, fazendo os clientes imaginarem os benefícios.

29. Pergunte: "Sinceramente, que possibilidades tenho de lhe vender?" Normalmente os clientes darão uma resposta honesta.

30. Use a contestação do preço como gancho para negociação e fechamento.

31. Quando o cliente perguntar: "Este aparelho funciona em outra freqüência?", responda: "Agradar-lhe-ia se funcionasse?"

32. Prepare-se mentalmente para fechar vendas logo pela manhã.

33. Ensaie pelo menos três maneiras diferentes de fechar vendas.

34. Mantenha-se motivado mesmo após perder uma venda; lembre-se de que quem saiu perdendo foi o cliente que não comprou e de que você tem vários clientes para ligar.

35. Esteja preparado para enfrentar resistências e antecipe-se às objeções que virão.

36. Permaneça com uma atitude otimista durante todo o tempo, pois isso é a alma da venda.

37. Nunca fale de suas conquistas pessoais; deixe o cliente falar.

38. Não demonstre ansiedade de vender; se o cliente perceber isto, a venda estará perdida.

39. Mencione terceiros sempre que possível e for verdade.

40. Fique atento aos sinais de compra que podem ser verbais e não verbais.

41. Tente fechar a venda quatro, cinco, seis vezes com técnicas diferentes.

42. Debater preços é estupidez, tente mostrar o valor agregado do seu produto.

43. Não fale durante um longo período; deixe o comprador falar.

44. Dedique-se mais ao fechamento, pois sua remuneração é decorrência dos fechamentos.

45. Acompanhe o ritmo e a velocidade da fala do seu cliente ao telefone; isso ajudará você nos fechamentos.

46. Fale: "Se o senhor fosse meu pai ou meu irmão, lhe diria que deve comprar agora!"

47. Fale de maneira convincente e objetiva, e fechará mais vendas.

48. Após fechar a venda, ligue novamente e tente vender mais. Geralmente se consegue um novo pedido, mas cuidado para não perder a venda anterior.

49. Tenha em mente três fortes razões para que o cliente feche negócio com você.

50. Revise seus fechamentos, pois eles são uma grande fonte de aprendizado.

51. Use a lei das médias a seu favor. Lembrese de que quanto mais você solicitar o pedido, mais venderá.

52. Facilite a venda; não complique ou burocratize o fechamento com uma série de exigências. Comprar tem que ser simples, fácil e rápido; não faça o cliente pensar.

53. Venda a idéia também para a secretária, já que ela tem grande influência nas decisões.

54. Quebre paradigmas e mude sua forma de pensar, tentando fechar vendas na primeira ligação. É impossível ligar para todos os clientes duas vezes.

55. Faça de conta que você está proibido de ligar para o cliente uma segunda vez; tente de tudo para vender na primeira ligação.

56. Conte histórias *emocionantes* e verdadeiras sobre pessoas que compraram de você e hoje estão muito felizes e satisfeitas.

57. Utilize bem sua voz em vendas por telefone. Nestas situações ela é o único recurso disponível.

58. Faça afirmações do tipo: Fique tranqüilo! Eu garanto! Pode confiar em mim! O senhor fez um ótimo negócio! Meus sinceros parabéns!

59. Seja sincero e nunca, em hipótese alguma, minta para fechar uma venda, seja por telefone ou pessoalmente.

# CAPÍTULO 14

# Cancelamentos e inadimplências — como diminuí-los

Um dos grandes problemas que o pessoal de telemarketing enfrenta hoje em dia é o alto número de solicitações de *cancelamentos* e uma grande *inadimplência*.

É normal ter um pequeno número de cancelamentos e uma baixa porcentagem de clientes inadimplentes, pois isso faz parte do mercado. Mas quando esses dados extrapolam uma certa margem, é sinal claro de perigo que pode pôr em jogo toda a empresa.

A boa notícia é que é possível diminuir esses índices para níveis toleráveis, melhorando a qualidade dos fechamentos por telefone através de treinamentos específicos e simulações.

Funciona como uma balança, quanto maior for a qualidade, a transparência e a ética no fechamento, menor será a inadimplência e as solicitações de cancelamentos. Principalmente em vendas por telefone, em que não existe o contato visual, é muito fácil haver equívocos que resultem em problemas.

## Caso 1

No ano de 2004, um grande empresário de Porto Alegre veio até mim queixando-se do alto número de cancelamentos do seu departamento de telemarketing, que beirava a casa de 40%. Este número é assustador: a cada 10 vendas feitas, quatro cairiam em decorrência dos pedidos de cancelamentos dos clientes.

Após acompanhar seus vendedores em ação durante algumas horas, detectei claramente o problema. Estava faltando a *amarração do fechamento*, não havia um padrão e os fechamentos eram confusos e fracos, dando margem a futuros cancelamentos.

Primeiro treinei a filial de Belo Horizonte, que possuía um gerente de vendas comprometido e atuante. O resultado não demorou a aparecer, os cancelamentos caíram de quase 40% para aceitáveis 5% já no mês seguinte ao treinamento.

Na seqüência, dei o treinamento para a equipe de Porto Alegre, o que, para minha surpresa, de nada adiantou. Após um mês, o número de cancelamentos continuava alto. Fui checar como estavam sendo feitos os fechamentos e se a equipe de telemarketing estava seguindo as minhas orientações. Mas sabe o que encontrei? A equipe estava vendendo exatamente da mesma forma que antes do treinamento, porque o gerente disse aos membros da equipe que esse

*Cancelamento e inadimplências – como*

## Caso 1

negócio de qualidade no fechamento não passava de *bobagem*, que o importante era vender.

Não há empresário que fique contente quando considera a *bobagem* dos milhares de reais que perde!

Hoje em dia, a informação está disponível com facilidade e não existem mais clientes bobos e desinformados. Eles podem até comprar por impulso e ceder a algum truque de maus vendedores, mas depois cairão, "na real", e cancelarão a compra.

Veja o que o Código de Defesa do Consumidor diz:

"O consumidor pode desistir do contrato, no prazo de sete dias a contar de sua assinatura ou do ato de recebimento do produto ou serviço, sempre que a contratação de fornecimento ocorrer fora do estabelecimento comercial, especialmente por telefone ou domicílio. Se o consumidor exercitar o direito de arrependimento previsto, os valores eventualmente pagos, a qualquer título, durante o prazo de reflexão, serão devolvidos, de imediato, monetariamente atualizados."

*Fonte:* Código de Defesa do Consumidor. Lei n.º 8.078, de 11 de setembro de 1990.

*Cancelamento e inadimplências – como*

Como vemos, o Código determina que o consumidor pode desistir do contrato no prazo de sete dias a contar da sua assinatura ou do ato do recebimento do produto ou serviço, sempre que a contratação de fornecimento ocorrer fora do estabelecimento comercial, essencialmente por telefone, que é o nosso caso.

Então, vamos vender direito e caprichar na qualidade do fechamento, porque pior do que não vender, é vender e não receber!

# CAPÍTULO

# 15

# CINCO LIÇÕES SOBRE ABORDAGEM POR TELEFONE

Vou lhe recomendar que assista a um filme chamado *O Primeiro Milhão* – não se trata de um filme de treinamento, mas de um filme comercial comum, desses que encontramos em locadoras de vídeos.

No filme aparecem várias cenas mostrando um jovem vendedor que busca o sucesso, vendendo por telefone ações na Bolsa de Valores americana. Em uma das cenas observei cinco grandes lições que podemos aplicar em nosso dia-a-dia para vender mais e melhor, usando o telefone:

# LIÇÃO 1:

## Atrair a atenção

É fundamental em uma venda por telefone atrair a atenção de quem está do outro lado da linha, para que possamos vender. Não conseguiremos vender se o cliente não estiver prestando atenção no que estamos falando.

Uma das maneiras de atrair a atenção do interlocutor é mencionar em seu discurso inicial palavras fortes que mexem com todo ser humano. Por exemplo, todas as pessoas querem ter saúde, prosperidade, dinheiro, sucesso, vitória, amor, amigos, alegria e viajar. Todos também desejam evitar a dor, a morte, a pobreza, a doença, a solidão, a fome etc.

No filme, o vendedor percebe que o médico, do outro lado da linha, está fazendo várias coisas ao mesmo tempo, e não está lhe dando a devida atenção. Então ele diz: "O senhor não pode me atender agora, tudo bem! Continuarei a ser seu *amigo*, só que estará *perdendo* a chance, única, de ganhar seu primeiro *milhão*". E, como em um passe de mágica, o médico deixa as outras coisas de lado e passa a ouvir o jovem vendedor.

# LIÇÃO 2:

## Mexa com a emoção

As pessoas compram tudo na vida baseados em dois motivos principais: *prazer de ganhar* ou *medo de perder*. Se olhar ao seu redor e se questionar, verá como isso faz sentido.

*Cinco lições sobre abordagem por telefone*

O medo de perder é um sentimento muito forte e nós o exploramos pouco no ato da venda, pois geralmente nos concentramos mais nos benefícios.

Na cena em questão, quando o cliente está tentando adiar a decisão da compra, o vendedor usa muito bem isso, ao dizer: "Se o senhor não quiser comprar e quiser ficar olhando seus colegas ficarem ricos, tudo bem, a opção é sua, só não se lamente depois. A sua decisão deve ser tomada agora, pois eu tenho um milhão de ligações a fazer para um milhão de clientes que estão querendo ganhar dinheiro. Então, o que o senhor decide?"

Como o medo de perder é muito forte, mais uma vez o vendedor se dá bem.

# Lição 3:
## Uma imagem de sucesso

Muitos clientes deixam de fazer negócios por telefone, não por ser caro ou estar sem dinheiro, mas por não confiar no que o vendedor está dizendo e não sentir *credibilidade,* que é tão importante para a venda.

Para passar credibilidade, o vendedor pode dizer para o cliente do outro lado da linha: "O senhor quer ouvir como as coisas estão pegando fogo aqui, como todos os clientes estão comprando como loucos, escute só!"

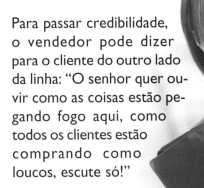

Nesse momento o vendedor levanta o telefone apontando-o para o salão de vendas e os outros vendedores fazem uma enorme gritaria, como se fosse uma feira livre. Sendo assim, o cliente, do outro lado da linha, experimenta sentimentos de surpresa e satisfação ao mesmo tempo.

## Caso 1

Quando eu trabalhava como gerente de telemarketing, minha equipe tinha o hábito de comemorar após o fechamento de uma venda. Não importava o valor, bastava o cliente comprar e assim que o vendedor colocasse o telefone no gancho... gritos, aplausos, buzinas, gritos de guerra, apitos, cornetas e outros acessórios entravam em ação!

O problema era que enquanto alguns vendedores comemoravam, outros estavam em plena ligação com os clientes e, às vezes, o barulho era tanto que eles não conseguiam dar seguimento à conversa. O cliente do outro lado da linha ouvia toda a gritaria e perguntava:

— Nossa! Que barulheira é essa aí? O que está acontecendo? Quer que eu chame os bombeiros?

O que, aparentemente, era um problema, fazíamos virar uma vantagem competitiva. Neste momento o vendedor dizia ao cliente:

— Olha, o senhor me desculpe pelo barulho, mas estamos vendendo como loucos, os clientes estão comprando muito, é uma venda atrás da outra, e essa barulheira que o senhor ouviu foi mais uma comemoração por mais uma venda fechada!

*Cinco lições sobre abordagem por telefone*

## Caso 1

Isso, muitas vezes, era suficiente para convencer o cliente a comprar.

Outro detalhe importante: em várias ocasiões os clientes perguntavam aos vendedores após fecharem negócios: "Quando eu desligar o telefone, vocês também irão comemorar?" Depois da resposta afirmativa do vendedor, o cliente dizia: "Então comemorem agora e bem alto, que eu quero ouvir!"

A empresa que transmite credibilidade e uma imagem de sucesso vende muito mais. Você conhece alguém que gostaria de fazer negócios com empresas embrulhonas e fracassadas?

# LIÇÃO 4:
## Cale-se e venda

Já vimos isso no capítulo *Fechando muitas Vendas por Telefone* e em dois momentos isso fica muito bem ilustrado em *O Primeiro Milhão*.

Após o vendedor fazer a oferta, aparece de um lado da tela o cliente pensando e do outro o vendedor em silêncio total esperando o cliente falar primeiro. O silêncio chega a durar alguns segundos, até que finalmente o cliente toma a palavra e a venda acontece. Mas, se o vendedor tivesse continuado a falar sem parar, ele não venderia. Existe um ditado em vendas que diz: "Quer perder uma venda, basta estender-se nos argumentos".

# Lição 5:

## A escassez valoriza o produto

Tudo o que é muito fácil de ser conseguido tem uma tendência a não ser muito valorizado. Os clientes querem coisas especiais, novas, únicas, limitadas, personalizadas e difíceis.

Mais uma vez, a astúcia do vendedor é digna de um prêmio quando ele diz: "Sinto muito senhor, mas não posso vender mais do que duas mil ações para o senhor nesta primeira venda". Nesta hora, o cliente fica louco para comprar mais de duas mil ações, mesmo deixando claro que inicialmente queria comprar uma quantidade bem menor delas.

Guardadas as devidas proporções entre o cinema e a realidade, as lições acima certamente o ajudarão muito nas abordagens do seu dia-a-dia.

### Caso 2

A minha empresária, Silvia Patriani, em certa ocasião, promovia em São Paulo um Curso Intensivo de Vendas com duração de 5 horas, que aconteceu dia 16 de julho de 2005. A capacidade do auditório era para 450 pessoas e, graças ao profissionalismo de toda sua equipe, rapidamente o auditório lotou. Todas as inscrições foram vendidas em praticamente seis dias.

Devido ao sucesso, uma nova turma foi aberta para o dia 9 de julho, no mesmo auditório, também para 450 pessoas. O ótimo vendedor e amigo, Renato, respon-

## Caso 2

sável pelos receptivos (clientes que ligavam querendo comprar), nos conta que quando ele falava para os clientes que a palestra do dia 16 já estava lotada e não tinha mais vagas (fato absolutamente verdadeiro!), os clientes ficavam loucos de desejo querendo comprar para o dia 16, mas como não cabia realmente mais uma pessoa sequer no auditório, acabaram comprando facilmente para a segunda turma.

*Moral da história:* o ser humano tem uma tendência natural a querer o que é difícil, raro, escasso!

*P.S.: Obrigado Silvia, Renato, Deise e a todos os outros que se dedicam, diariamente, para que minhas palestras estejam sempre lotadas!*
*A vocês, minha eterna gratidão.*

# Lição de casa

Como aplicar as cinco lições vistas acima no meu negócio para melhorar os resultados em vendas?

| Exercício |
|---|
| |
| |
| |
| |
| |

# CAPÍTULO 16

# Como agendar visitas por telefone

Uma grande quantidade de vendedores não só vende por telefone – usa o telefone como um meio para agendar visitas para vender pessoalmente.

Mas muitos vendedores não sabem agendar visitas por telefone, têm muita dificuldade em conseguir marcar um horário com os clientes. Como as metas não podem esperar e a pressão é grande, para essas pessoas não resta outra saída a não ser saírem "como loucos", sem um cliente agendado e tentarem a sorte.

A vida moderna e a correria do dia-a-dia deixam o tempo cada vez mais escasso para todos, inclusive para os nossos clientes, que por isso muitas vezes se recusam a nos atender, alegando que não temos um horário marcado.

## Aí vai uma dica...

Se isso acontecer e o comprador não quiser atendê-lo, nunca deixe para ligar depois: pegue sua agenda na hora e já marque uma nova data!

O segredo para ter sucesso na arte de agendar visitas por telefone é *a venda antes de venda*. Mas o que é isso?

Você precisa vender **a entrevista**, e não vender o produto. Você deve vender a idéia de que o cliente precisa atendê-lo e não que o cliente tem que comprar. Somente quando você estiver na frente dele é que iniciará a venda do produto ou serviço em questão. É justamente neste ponto que os vendedores erram, ligam para os clientes querendo vender o produto, antes de venderem a credibilidade e a confiança, que são a base das vendas.

Portanto, *venda a entrevista, venda a necessidade de ser atendido,* e só então venda o produto.

## Aí vai uma dica...

Quando um navio atraca no porto, o marinheiro no cais joga para cima do navio uma cordinha de náilon, que obviamente não suportará a tensão que o enorme navio fará. Mas aí entra em cena um outro marinheiro que está em cima do navio e começa a puxar a corda, até que surge uma corda mais grossa amarrada na primeira, e depois outra mais grossa e assim por diante... Até que finalmente vem o cabo de atracação, que é uma potente corda capaz de firmar o navio no porto.

Moral da história:
quando tomei conhecimento desse fato,
pensei em quantas vendas perdi
tentando lançar o cabo de atracação
antes de jogar a frágil corda de náilon.
Ou seja, quantas vendas eu perdi a venda,
como vendedor ansioso e despreparado,
tentando vender o produto por telefone,
sem antes vender a entrevista?
Pense nisso!
Primeiro venda a oportunidade
de ser atendido e só então
passe a vender o seu produto.

## COMO FAZER A VENDA ANTES DA VENDA

Agora que você já sabe da importância de praticar *a venda antes da venda*, vou lhe mostrar como fazer isso e agendar muitas visitas. Para tanto, três coisas são fundamentais:

## 1. Estimule a curiosidade

O primeiro grande segredo é criar uma certa curiosidade, não revelando tudo por telefone antecipadamente. Deixe detalhes, descontos e novidades para serem mostrados na visita. Quando ele lhe atender, diga, por exemplo:

— Tenho uma novidade muito boa para lhe mostrar que com certeza absoluta o senhor irá gostar. Prefere agendar no início do dia ou no final da tarde?

## 2. Use palavras de impacto

A segunda coisa importante para conseguir agendar uma entrevista é utilizar palavras fortes que mexam com as emoções. Inclua no seu vocabulário palavras como sucesso, alegria, felicidade, dinheiro, lucro, economizar, prazer, evitar a dor, ganhar, deixar de perder, amar, entre outras dezenas de palavras que geram sentimentos.

O grande pulo do gato, nesse ponto, é colocar algumas dessas palavras no discurso inicial, dando sentido aos benefícios que ele, cliente, terá ao atendê-lo. Vamos a mais um exemplo:

*Forma Errada:*

— Sr. Fulano, eu sou Beltrano da empresa X e quero agendar uma reunião para falarmos a respeito de um novo software para PABX que estamos vendendo. O senhor tem interesse?

Neste caso, o cliente provavelmente dará uma resposta negativa...

*Forma Certa:*

— Sr. Fulano, sou Beltrano da empresa X e quero agendar uma reunião para falarmos a respeito de redução nos seus custos telefônicos em 15% e aumento de sua produtividade em vendas. Pessoalmente eu posso lhe passar mais detalhes.

# 3. Sugira horários quebrados

A terceira é uma dica fácil de ser aplicada, mas não a subestime, pois ela é muito eficaz. Há pouco recebi em meu e-mail um depoimento de uma vendedora dizendo que usou essa dica e ficou supresa em conseguir agendar as entrevistas que precisava fazendo apenas 7 ligações. Considero este um bom índice, principalmente levando-se em consideração o fato de que ela vendia consórcio, que apesar de ser um produto muito bom, apresenta alta resistência nas abordagens.

Essa técnica consiste em sugerir aos clientes *horários quebrados* e não horas inteiras. Por exemplo, quando eu digo a um cliente para agendarmos uma reunião para as 11h, ele deduzirá, automaticamente, que nossa reunião terá duração de aproximadamente uma hora e que, se tudo correr bem, acabará por volta do meio-dia. Neste caso, as chances de se conseguir tal reunião são pequenas, porque, nesse mundo em que vivemos, ninguém tem uma hora sobrando para atender vendedores, certo?

A maneira adequada de usar essa técnica é sugerir como horário para reunião: 11h35min, 11h40min ou 11h45min, o que causará no cliente duas impressões:

1. a imagem de que você é um vendedor organizado, objetivo e que valoriza o seu tempo e o do cliente;

2. que a reunião deverá durar 25, 20 ou 15 mi-nutos, acabando por volta do meio-dia, o que aumentará suas chances de ser atendido.

Percebam que eu não estou dizendo que sua apresentação deverá ter essa duração! Depois que você estiver à frente de seu cliente, o tempo da reunião será determinado por ambos. Naturalmente, se sua apresentação for agradável e forte, chamando a atenção dele, poderão continuá-la por horas. Tudo vai depender do interesse,

## A explicação lógica

...para este terceiro ponto é que aprendemos a ver as horas no relógio de ponteiro, observando o ponteiro pequeno em conjunto com o grande. Mas damos especial atenção ao ponteiro pequeno, que quando muda de posição para o número seguinte significa que já estamos em **outra** hora.

Ao mencionar um horário quebrado, a atenção do cliente se volta para o ponteiro grande, dos minutos, dando a impressão de que a reunião ou entrevista terá menor duração.

*Como agendar visitas por telefone*

da necessidade ou do que você despertar em seu cliente nos primeiros minutos de conversa.

O tempo é um bem cada vez mais valioso – ele não é dado aos seres humanos em função de sua classe social ou fortuna pessoal: o rico e o pobre têm as mesmas 24h no dia; o presidente dos EUA e o homem mais rico do mundo não podem comprar sequer um minuto de um mendigo. Portanto, terá mais chances de vender o vendedor que fizer o cliente ganhar aquilo que o dinheiro não pode comprar, o *tempo*.

# CAPÍTULO

# 17

# QUER VENDER? NÃO BASTA FALAR BEM, PRECISA DESENHAR

Um dia, em meio à correria de um típico final de tarde agitado, Valéria, uma colega de trabalho, comenta comigo a respeito de uma proposta que precisávamos enviar a um cliente:

— Não basta escrever e enviar a proposta para ele, via fax ou e-mail, é preciso *desenhar*. Só assim irá funcionar!

Era a primeira vez que eu ouvia aquela expressão e ela nunca mais saiu de minha cabeça. Perguntei a ela como fazer isso e obtive a seguinte resposta:

— Precisamos deixar *bem claro* para o cliente, de uma maneira *auto-explicativa,* as vantagens que terá se fechar negócio conosco ainda hoje! Não basta escrever, é preciso *visualizar*.

Após "desenharmos" a proposta, a enviamos ao cliente. Não demorou nem 15 minutos e ele já estava nos ligando para a confirmação da venda.

O que aprendi com esta lição, e que agora compartilho com você, foi muito importante para mim e para todos os vendedores que trabalharam comigo. Relembremos o conceito básico da comunicação que diz que a boa comunicação é responsabilidade do emissor e se o ouvinte não entendeu a mensagem, a culpa é do comunicador. Aplicando essa máxima às vendas, chegamos à conclusão de que uma boa proposta, que funcione, é de responsabilidade do vendedor, e não do comprador.

Não sabemos em quais circunstâncias o comprador, do outro lado da linha, lerá a proposta, nem tampouco o seu nível de interpretação e raciocínio. Às vezes, o que é óbvio para nós vendedores pode não ser para o cliente, e quando isso acontece perdemos a batalha.

Por isso, todo o cuidado é pouco quando enviamos uma proposta ao futuro cliente. Principalmente porque nós, de telemarketing, não temos contato visual com ele para esclarecer eventuais dúvidas. Sendo assim, corremos um grande risco de que, em caso de dúvida ou falta de esclarecimento, o cliente simplesmente nem atenda mais aos nossos telefonemas.

Elaborei **cinco** regras básicas que devemos seguir sempre, antes de enviar uma proposta. São elas:

1. use e abuse de gráficos, desenhos, pesquisas, setas, flechas, balões, tudo o que ajudar a

*Quer vender? Não basta falar bem, tem que desenhar*

destacar as vantagens e benefícios de seu produto. Evidentemente, mantenha o bom senso para não passar uma imagem amadora;

2. peça para seu supervisor, gerente e colegas de trabalho conferirem se está tudo certo e claro com sua proposta. O importante é manter uma atitude humilde e aceitar possíveis sugestões. O que valerá no final não é quem está ou deixa de estar com a razão, e sim a venda feita;

3. escreva como se estivesse tentando explicar algo para uma criança com oito anos de idade. Assim, você terá certeza de que a mensagem está simples e pode ser entendida por qualquer pessoa;

4. revise novamente a ortografia e a gramática, pois erros de português são imperdoáveis nesse caso;

5. capriche no visual e na limpeza, evitando borrões, pequenas manchas e riscos. Preste muita atenção aos detalhes. A venda é uma relação de causa-e-efeito, construída por meio de uma série de detalhes.

Muitas vendas e muito dinheiro são perdidos todos os dias, não por preço ou por más condições financeiras dos compradores, mas simplesmente porque eles não entendem o que os vendedores querem dizer. A falta de uma boa comunicação é hoje um dos maiores problemas enfrentados por empresas em todo o mundo, desde pequenos negócios até grandes corporações.

De agora em diante dedique especial atenção à elaboração e ao envio de propostas – e venda mais!

# CAPÍTULO

# 18

# Como usar a força das secretárias a seu favor

Ninguém questiona o poder que as secretárias têm, já que ocupam uma posição estratégica. Cabe a elas decidir e escolher quais vendedores irá deixar falar com o patrão. Por isso, é fundamental, para o sucesso em telemarketing, saber lidar com elas e conseguir a tão desejada transferência da ligação para aquele que efetivamente decide.

Então, como usar a força da secretária a seu favor? A chave para o sucesso pode ser uma relação boa e amigável entre vendedor e secretária. Jamais refira-se a ela com adjetivos do tipo: secretina, leão-de-chácara, porta corta-fogo, cão de guarda e outros nomes do gênero.

## Caso 1

Há muito tempo, uma menina chinesa chamada Lili casou-se e foi viver com o marido e sua sogra.

Depois de alguns dias, passaram a se desentender. Suas personalidades eram muito diferentes e Lili foi se irritando com os hábitos de sua sogra, que freqüentemente a criticava. Meses se passaram e as duas discutiam e brigavam cada vez mais.

De acordo com a antiga tradição chinesa, a nora tinha que se curvar à sogra e lhe obedecer em tudo. Já não suportando mais conviver com essa situação, Lili decidiu visitar um amigo de seu pai, um velho sábio, o qual, depois de ouvi-la, pegou um pacote de ervas e lhe disse:

— Vou lhe dar várias ervas que irão lentamente envenenar sua sogra. A cada dois dias ponha um pouco destas na comida dela, mas, para ter certeza de que ninguém suspeitará de você quando ela morrer, você deve ter muito cuidado e agir de forma muito amigável.

Lili ficou muito contente, agradeceu o sábio e voltou apressada para casa para começar o projeto de assassinar a sua sogra.

Semanas se passaram e a cada dois dias Lili servia a comida "especialmente tratada" à sua sogra.

Ela sempre lembrava do que o velho sábio tinha recomendado sobre "evitar suspeitas" e, assim, controlou o seu temperamento, obedeceu à sogra e a tratou como se fosse sua própria mãe. Depois de seis meses, a casa inteira estava com outro astral, Lili controlara o seu temperamento e quase nunca se aborrecia.

Nesses seis meses, não houve nenhuma discussão com a sogra, que agora parecia muito mais amável e mais fácil de se lidar. As atitudes da sogra tam-

*Como usar a força das secretárias a seu favor*

## Caso 1

bém mudaram e elas passaram a se tratar como mãe e filha. Um dia, Lili foi novamente procurar o Sr. Huang para pedir-lhe ajuda e disse:

— Querido Sr. Huang, por favor, me ajude a evitar que o veneno mate minha sogra! Ela se transformou numa mulher agradável e eu a amo como se fosse minha mãe e não quero que ela morra por causa do veneno que eu lhe dei.

Sr.Huang sorriu e acenando a cabeça disse:

— Lili, não precisa se preocupar. As ervas que eu lhe dei não eram venenosas e sim vitaminas especialmente preparadas para melhorar a saúde dela. O veneno estava na sua mente e na sua atitude, mas foi jogado fora e substituído pelo amor que você passou a dar a ela.

Na China existe uma regra de ouro que diz: **A pessoa que ama o outro também será amada**.

Na maioria das vezes, recebemos das outras pessoas o que damos a elas. Lembre-se sempre: o plantio é opcional, mas a colheita é obrigatória! Por isso, tenha cuidado com o que você planta, pois a colheita é inevitável.

*História que circula na Internet de autor desconhecido, enviado pelo leitor e amigo Vitor Alberto Cunha.*

Durante esses anos de vendas, cheguei à conclusão de que a forma como tratamos as secretárias nos abre ou fecha as portas. Ao lidar com as pessoas, tenha sempre em mente as cinco considerações a seguir:

## Número 1

Trate-as como gostaria de ser tratado. Aliás, essa é a regra de ouro do lendário Napoleon Hill. A pequena história acima relata muito bem o que quer dizer essa primeira dica para se ter sucesso com secretárias. É impossível obter ajuda delas tratando-as mal.

## Número 2

Entenda sua função. A secretária tem como uma de suas funções principais filtrar as dezenas de ligações que chegam para o chefe todos os dias. Já pensou se o chefe fosse atender todos os vendedores, que ligam todos os dias? Não haveria empresa, ele ficaria o dia todo atendendo vendedores no lugar de administrar o seu negócio.

O que temos de fazer é mostrar a ela que a nossa ligação é importante para o seu superior e que não se trata de apenas mais um vendedor chato, ligando para "empurrar" algum produto.

## Número 3

Venda para a secretária. Muitos vendedores, quando percebem que estão falando com secretárias, imediatamente desanimam e param de vender, alguns até desligam, não querem nem falar com elas. Assim fica impossível vender por telefone.

Venda para a secretária como se estivesse vendendo para o dono da empresa, porque ela será ou não sua representante, lá dentro da empresa, quando você terminar a ligação. Se você vender

*Como usar a força das secretárias a seu favor*

a idéia à secretária, muito provavelmente ela irá até o chefe e falará: "Chefe, tem um vendedor na linha que tem um bom negócio para o senhor, acho que deveria atendê-lo!", ou então, caso você **não** tenha "vendido" para secretária, ela dirá exatamente o contrário, taxando-o de chato, mal-educado ou insistente, pensando apenas em atingir suas metas. Neste caso, você já sabe que pode esperar uma resposta negativa, não é?

## Número 4

Jamais minta. Não adianta mentir para a secretária, usar de truques sujos e desculpas para chegar lá. Não adianta falar que é sobre um assunto e na hora que o chefe atender, ser outro.

A imagem da empresa e do vendedor irão por água abaixo e o vendedor perderá o que é mais necessário para a venda hoje em dia, a *credibilidade*, e credibilidade perdida significa trabalho redobrado. A secretária que se sentiu trapaceada nunca mais acreditará em vendedores dessa empresa.

Um antigo gerente de vendas nos contou, em um dos seus treinamentos, sobre um vendedor que, quando ligava para empresas, se identificava como sendo do Governo Federal. Em linhas gerais, a história que contava era a seguinte:

Vendedor: — Bom dia, gostaria de falar com o Sr. Fulano.

Secretária: — Pois não, quem gostaria?

Vendedor: — Diga-lhe que é o Beltrano.

Secretária: — De onde, Sr. Beltrano?

Vendedor: — Do Governo Federal.

Nesse momento, ficava um silêncio na linha e imagino que a secretária corria até seu diretor e com um ar de assustada dizia:

Secretária: — Sr. Fulano, o Sr. Beltrano, do Governo Federal, está na linha e quer falar com o senhor, acho que é sério (deduzia ela).

Diretor: — Tudo bem, vou atendê-lo, é do Governo Federal, não é?

Secretária: — Sr. Fulano, vou transferir a sua ligação.

Vendedor:— Alô, bom dia, Sr. Fulano, aqui é Beltrano, do Consórcio XYZ ...

Diretor (com voz surpresa e zangada): — Consórcio! Mas não é do Governo Federal?

Vendedor: — Ah, sim... Sou, pago impostos e por isso me considero sócio do Governo...

Não sei por que, mas nunca mais tivemos notícias desse vendedor!


## Número 5

Desperte o prazer de sentir-se importante. Todos gostamos de nos sentir importantes, úteis, valorizados, e com as secretárias não é diferente.

Quando você diz a ela frases do tipo: "Nunca precisei **tanto de você** como agora...; Eu

**preciso** falar com o seu chefe, é uma coisa muito **boa** pra ele, por favor, **me ajude...**; Eu lhe **confesso** que não estou conseguindo chegar até ele, **estou em suas mãos... Me ajude**, eu serei **eternamente grato, dependo** de você para poder falar com ele... Essas frases têm um forte apelo emocional e fazem com que as secretárias sintam que o poder está com elas e que estão no domínio da situação, ficando, assim, muito mais fácil obter a sua cooperação.

Agora, se mesmo depois de adotar as técnicas de relacionamento que mencionamos, com secretárias você não obtiver êxito, então aí vai uma dica dessas que só se aprendem com a prática:

## Aí vai uma dica...

Tente ligar, antes do início do expediente ou logo depois que ele tenha se encerrado, pois muitas vezes quem atenderá ao telefone, nesses horários, será o próprio diretor ou proprietário.

Portanto, não há como evitar as secretárias, temos que aprender a nos relacionar com elas e usar, no bom sentido da palavra, a sua força a nosso favor.

"Não tente navegar contra o vento, é inútil"

# CAPÍTULO 19

# ESPECIAL SOBRE VOZ

Em telemarketing, a voz é muito importante para o vendedor, pois ela é praticamente o único recurso de que ele dispõe para convencer o cliente que está do outro lado da linha.

Em vários cursos e livros circula a informação de que na comunicação, 7% do que funciona é a palavra, 55% é o **tom de voz** e 38% é a postura. Não sei até que ponto esses dados são exatos, mas sei que a voz é realmente o item mais importante da comunicação, importância esta que é redobrada ao se falar ao telefone.

É mais importante o 'modo de falar' do que 'as coisas' que você diz. Sendo assim, devemos prestar muita atenção no tom de voz, porque é por meio dele que nós transmitimos nossos sentimentos, crenças, convicções e o nosso estado de espírito, que serão, em grande parte, responsáveis pela realização da venda.

A venda começa no bom atendimento; você precisa atender ao telefone com um tom de voz forte, firme, entusiasmado e alegre, porque isso o ajudará muito para o fechamento do negócio.

Todos os dias, ouvimos muita gente falando ao telefone como se estivesse morrendo! São verdadeiros "mortos-vivos", do tipo que quando falam "alô" até assustam quem está do outro lado da linha. Outro dia um vendedor me ligou com uma voz tão fúnebre, que pensei: "Meu Deus, ele está morrendo, acho que vou mandar uma ambulância para lá...".

## Os truques da entonação

Atenção especial deve ser dada à *entonação de voz*, ou seja, a força com que se pronunciam algumas palavras. Quando colocamos um peso maior em determinadas palavras, o sentido da frase pode mudar completamente, facilitando ou dificultando a venda. Por exemplo, leia em voz alta as frases abaixo, dando uma grande ênfase na parte grifada:

- ☎ Fique tranqüilo, tudo será resolvido hoje sem falta.

- ☎ Fique <u>tranqüilo,</u> tudo será resolvido hoje sem falta.

- ☎ Fique tranqüilo, <u>tudo</u> será resolvido hoje sem falta.

*Especial sobre voz*

☎ Fique tranqüilo, tudo <u>será resolvido</u> hoje sem falta.

☎ Fique tranqüilo, tudo será resolvido <u>hoje</u> sem falta.

☎ Fique tranqüilo, tudo será resolvido hoje <u>sem falta</u>.

☎ Fique tranqüilo, tudo será resolvido <u>hoje</u> <u>sem falta</u>.

Observe como mudou o sentido da frase a cada ênfase em diferentes palavras. Isso é o que precisamos fazer com o nosso discurso de vendas.

Abaixo, pratique a entonação com frases que você utiliza no seu dia-a-dia como vendedor.

| Exercício |
|---|
|  |
|  |
|  |
|  |
|  |

# Quando o ritmo determina a venda

Você já ouviu estas frases: "Esse vendedor me irrita" ou "Esse vendedor é muito mole"? Na verdade, o que está por trás dessas colocações é o fato de a velocidade da fala do vendedor ser diferente da velocidade da fala do cliente.

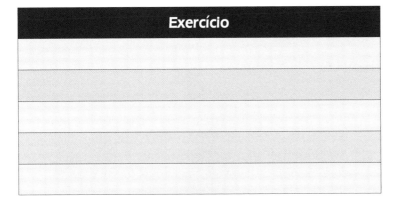

Devemos ficar atentos, logo no início da conversa, na velocidade da fala do cliente e tentar, na medida do possível, acompanhá-la para criar um clima de sintonia e facilitar a comunicação.

## Quando o cliente fala rápido

O vendedor deve se esforçar para pensar e pronunciar mais rapidamente as palavras, pois, caso contrário, será difícil prender a atenção do cliente e ele o dispensará com facilidade.

## Quando o cliente fala devagar

O vendedor deve controlar sua ansiedade e diminuir o ritmo, falando pausadamente; senão correrá o sério risco de perder a venda por causa da pouca credibilidade. Ele poderá passar para o cliente a imagem de que quer vender, pegar o seu dinheiro e livrar-se logo dele.

### Caso 1

Em certa ocasião contratei uma vendedora, vinda de Curitiba. Era uma ótima vendedora, mas tinha como característica uma fala lenta e bem pausada, com todas as palavras pronunciadas lentamente.

Percebi que quando ela falava com clientes calmos, que também tinham um ritmo parecido, ela se dava bem, quase sempre vendia muito para eles. Porém, quando os clientes com quem ela conversava tinham um ritmo mais acelerado, o inverso também era verdadeiro, ela quase sempre fracassava. Como eu era o gerente de vendas na ocasião, ouvi até alguns clientes pedirem para serem atendidos por outra vendedora "mais rápida".

*Especial sobre voz*

## Caso 1

Quem deve se adaptar ao ritmo é o vendedor, e não o cliente, porque quem quer fechar a venda é o vendedor.

# A importância da dicção

Cuidado com erros de português. O bom vendedor não pode cometer erros comuns ao telefone, pois não passará uma boa imagem para o cliente. A dicção precisa ser clara e convincente, porque senão a venda não acontece. Quanto melhor for a sua dicção, melhor a sua performance por telefone. Na verdade, vender por telefone não é um ato simples. A pessoa do outro lado da linha precisa compreender a sua mensagem e muitos clientes não compram simplesmente porque não entendem o que o vendedor quer dizer. Fique atento à linguagem que você emprega na sua fala; não use palavras difíceis que a maioria das pessoas não entendem.

# Vícios de linguagem

Muitas vezes, ouvimos vendedores se queixarem de que não conseguem "vender porque o preço é caro". Será que este é realmente o motivo ou aconteceram uma série de pequenos erros e equívocos que fizeram o preço ficar caro?

Manter um tom informal é bom, ajuda a criar um clima amistoso, favorável à venda. Mas, quando este é exagerado, compromete o profissionalismo, passando uma imagem amadora.

Palavras, gírias e expressões, quando usadas repetidas vezes, passam a imagem de amadorismo. Veja algumas:

| olha só | falou, então | mano | beleza |
| viu | ligadinha | então tá, então | fofa |
| Ok | baratinho | não sei não | grande |
| né | pedidinho | você terá que | gata |
| meu | benzinho | gostaria | mimosa |
| cara | precinho | poderia | um beijo... |

## Caso 2

Cuidado ao usar a tecla MUTE do telefone. Outro dia, liguei para uma empresa para fazer uma compra. Passaram-me para quatro pessoas diferentes e eu expliquei o que queria quatro vezes! Na quinta vez, eu não agüentei e disse: "Essa é a quinta vez que me pedem para explicar o que eu quero, você vai resolver o meu problema?".

A vendedora do outro lado da linha pediu-me para aguardar e acredito que teoricamente teria apertado a tecla MUTE do telefone e gritou para uma outra pessoa que deveria estar a uns metros dela: "Tem um chato nervosinho aqui querendo saber sobre...", só que eu ouvi tudo e quando finalmente fui transferido pela sexta vez falei, bem calmo e com a voz pausada: "Aqui quem fala é o chato nervosinho que foi transferido seis vezes de ramal. Fale para a sua colega que me atendeu por último e também para o seu chefe que eu era só um cliente querendo comprar, mas agora mudei de idéia".

*Especial sobre voz*

Se o cliente ouvir um comentário malcriado tudo estará perdido. Em qualquer situação, o melhor é simplesmente passar a ligação:

— Zeca, telefone para você.

Mas se a pessoa para quem você deveria passar a ligação estiver muito ocupada ou não puder atender... CUIDADO com o que você vai dizer!

# CUIDADO COM O EMPREGO ERRADO DO GERÚNDIO EM TELEMARKETING

Algumas expressões são muito usadas em telemarketing, como:

Vou estar fazendo...
Vou estar investigando...
Vou estar enviando...
Vou estar providenciando...

mas não fazem parte do bom português. O "gerundismo" é um dos vícios de linguagem mais praticados hoje em dia. Provavelmente teve sua origem nas traduções dos textos em inglês para nossa língua, pois neles é comum encontrarmos a estrutura "will + be + verbo no infinitivo + + ing". Por exemplo: *I will be sending it tomorrow,* que quer dizer *Eu vou estar mandando isso amanhã,* se traduzida ao pé da letra.

Evite o "gerundismo" a todo custo e no lugar dessas estruturas procure dizer:

Farei, ou vou fazer...
Investigarei, ou vou investigar...
Providenciarei, ou vou providenciar...

# CAPÍTULO 20

# A SAÚDE É IMPORTANTE

## POSTURA

Trabalhar na atividade de telemarketing durante muitos anos requer alguns cuidados especiais, pois apesar de ser uma atividade aparentemente calma, pode causar danos à saúde, assim como outras muitas profissões.

O vendedor deverá ter uma atenção especial com sua postura, pois ele trabalha sentado, passando grande parte do dia na mesma posição.

As chances de desenvolver um problema de coluna depois de anos trabalhando em uma postura incorreta é muito alta.

Por isso, mantenha a postura correta e as costas eretas, como mostra a figura ao lado.

## Audiometria

Você ouve bem? Para quem escolheu a profissão de vender por telefone, ouvir bem é essencial. Uma forma de você verificar como anda a sua audição é fazendo o exame de *audiometria*. Ele lhe dará uma medida de seu nível de audição. Esse exame deve ser feito no momento da admissão e precisa ser repetido regularmente, de acordo com a legislação vigente da categoria.

Cuide de sua saúde, pois ela é seu maior bem. Se ela faltar, todo o resto perderá a importância. A seguir, leia quatro dicas fáceis de aplicar, que poderão ser muito úteis no seu dia-a-dia, ajudando-o a preservar sua saúde e também a vender mais.

## Quatro dicas para uma boa saúde em telemarketing

### 1.ª Dica

Apóie bem as costas no encosto da cadeira e firme os pés no chão. A boa postura refletirá no seu tom de voz. Quando se está sentado relaxado na cadeira, o tom de voz também ficará mais fraco e tranqüilo, e isso poderá dificultar o fechamento da venda.

Faça um teste, fale durante algum tempo com uma postura firme e depois repita a mesma fala com uma postura mais relaxada.
Tenho certeza que você notará a diferença.

*A saúde é importante*

2.ª Dica
Beba, no mínimo, oito copos de água por dia, mesmo não sentindo sede. Se você fala o dia todo, precisa lubrificar sua garganta.

3.ª Dica
Troque de ouvido o *Head Set* a cada hora e meia. Ao trocar de lado, podemos ter a impressão de não escutar direito do outro ouvido. Só que esta é uma falsa impressão, a não ser que o exame de audiometria tenha acusado um déficit de audição.

O que acontece é que estamos acostumados a falar ao telefone somente com o fone em um dos lados e, por isso, estranhamos quando o colocamos do outro. Lembre-se de que se você passar 10, 15 ou 20 anos utilizando mais um lado do que o outro, com certeza o desgaste será maior deste lado, podendo provocar problemas de surdez no futuro.

4.ª Dica
Levante-se e estique o corpo várias vezes durante o dia para estimular a circulação sangüínea. Faça também alguns movimentos circulares com as mãos e com os pés e pequenos alongamentos.

Algumas grandes empresas enviam mensagens para os computadores dos funcionários com avisos sobre a hora de beber água, ou de trocar o fone de lado, de levantar e esticar as pernas. São empresas-modelo que se preocupam com o seu bem mais valioso: os funcionários.

# Mensagem final

Vimos aqui muitas coisas que são importantes para um vendedor alcançar o sucesso em telemarketing, falamos sobre técnicas de vendas, atitudes vendedoras, posturas, segredos, histórias, exercícios e muito mais. Porém, em minha opinião, nada disso adiantará se você não tiver uma coisa que é fundamental para vencer: o **fator querer!** É preciso querer vencer, querer chegar lá!

O sucesso raramente é conseguido com uma grande tacada; por isso não fique se iludindo e esperando o grande dia. O sucesso é conquistado no dia-a-dia, com as pequenas coisas que fazemos, com muito trabalho, comprometimento e paixão.

Também não acredito que vender por telefone seja o fim, mas sim um meio para que você consiga realizar o seu sonho e ser feliz.

A vida passa rápido. Aproveite-a!

Boas vendas por telefone e sucesso!

César Frazão